W0222447

KONTAKT 4e

NOUVELLE ÉDITION

LV 2
ALLEMAND

Cahier d'activités

Bärbel **KROHN**
Inspectrice Pédagogique Régionale

Anne **CASSAGNE-BROCKMEIER**
Agrégée de l'Université
Professeur au collège Les Bouvets à Puteaux

Emma **SCHWABEDISSEN**
Professeur à l'ENST de Paris

Annie **SEMAL-LEBLEU**
Professeur à l'IUFM Nord-Pas de Calais

Gabriele **SOLLFRANK-DESHUSSES**
Magister artium

Bordas

Dieses Buch gehört :

Name : .... Vorname : ....

Adresse : ....

....

Klasse : .... Schule : ....

Sommaire

ISBN 978-2-04-729624-0

Ich und du

1

Start 1

(➤ manuel p. 9)

Dans quel ordre entends-tu les dialogues ?

a.	b.	c.	d.

Start 2

(➤ manuel p. 9)

Écoute les dialogues et coche la (ou les) phrase(s) qui correspond(ent) à la situation. Attention ! Il peut y avoir deux bonnes réponses.

Situation 1 :
☐ Jonas se présente et dit où il habite.
☐ Jonas te pose des questions et te demande de te présenter.

Situation 2 :
☐ Lena indique son nom et son âge, puis présente sa sœur.
☐ Lisa dit où elle habite.

Situation 3 :
☐ Dominik se présente.
☐ Dominik présente Paul et dit où Paul habite.

Situation 4 :
☐ Mme Schmidt et Mme Hoffmann se présentent.
☐ Mme Schmidt et Mme Hoffmann se saluent.

Sprechsituationen

Ich bin ich, und wer bist du ? (➤ manuel p. 11)

Noch etwas

Réécoute les dialogues et repère ce que tu comprends déjà grâce à ce que tu sais en anglais. Complète et coche les réponses correctes.

Dialogue 1
Tu entends une expression familière pour saluer, elle est proche du mot anglais.

....

Dialogue 2
Lena indique son âge. C'est la même manière de dire qu'en anglais. À propos, comment indiques-tu ton âge en anglais ?

....

Dialogue 3
À quelle phrase en anglais cela te fait-il penser ? ☐ Who is that ? ☐ Who are you ?

Dialogue 4
Dans la réponse de Mme Schmidt, qu'entends-tu d'abord ? ☐ Vielen Dank ! ☐ Danke !

Sprechsituationen Das kannst du schon ! (➤ manuel p. 10-11)

Voici quatre situations. Choisis dans le réservoir ci-dessous les mini-dialogues correspondant à chaque situation, puis réécris-les.

a.
– Hallo, ich heiße… Und wie heißt du?

b.
– Wer ist das?
– Das ist meine Schwester. Sie heißt…

c.
– Guten Tag!
– Auf Wiedersehen!

d.
– Guten Tag! Wie geht's?
– Danke, gut!

1. – Bonjour. ■ ....

– Au revoir ! ....

2. – Bonjour ! Comment ça va ? ■ ....

– Bien, merci ! ....

3. – Salut, je m'appelle… ■ ....

Et toi, comment t'appelles-tu ? ....

....

4. – Qui est-ce ? ■ ....

– C'est ma sœur. ....

Elle s'appelle ....

Hör gut zu

Am Telefon (➤ manuel p. 12)

Écoute la cassette et retrouve les prénoms et les noms manquants.

▪ Paul ▪ Jonas ▪ Max (2) ▪ Moritz ▪ Onkel (2)

– Hallo, ...! Wie geht's?

– Danke, gut!

– Ist das ....?

– Ja, und das ist .... Ich habe zwei Hunde.

– He, und wer ist das?

– Das ist mein ....

– Dein ....? Wie heißt er?

– Er heißt ....

Musikbox

L'alphabet – L'accent des mots (➤ manuel p. 12)

1. Épèle les abréviations et trouve les significations.

1. u.= ....

2. dt. = ...

3. Familienn. = ...

4. Fotogr.= ....

5. franz.= ....

6. Gastron. = ...

7. Math. = ...

8. Med.= ....

9. nordd.= ....

10. Österr.= ....

11. Plur. = ...

12. Sing. = ...

a. Medizin
b. norddeutsch
c. Singular
d. französisch
e. Fotografie
f. Plural
g. deutsch
h. Gastronomie
i. Mathematik
j. Österreich
k. Familienname
l. und

2. Où est placée l'accentuation ? Coche la bonne case.

	première syllabe	deuxième syllabe	dernière syllabe
gehen			
Medizin			
danke			
Christian			
Fotografie			
wiedersehen			
Kusine			
Mathematik			
beide			
Sabine			
heißen			

Zum Dialog — Lena und Lisa (➤ manuel p. 14)

1. Pour bien commencer.
Inscris à côté de chacune des deux jumelles les habits que chacune aime bien porter.

- ……………………
- ……………………
- ……………………

- die Hose (Jeans)
- der Minirock
- das Polohemd
- der Pulli
- das T-Shirt

- ……………………
- ……………………
- ……………………

2. Pour mieux écouter. Coche la phrase correspondant à la situation du sketch.

1. Lena trouve la jupe de sa sœur trop courte. ☐
   Lena trouve la jupe de sa sœur trop longue. ☐
2. Lisa trouve le jean de sa sœur trop court. ☐
   Lisa trouve le jean de sa sœur trop long. ☐
3. Lena dit que sa mère trouve son jean comme il faut. ☐
   Lena dit que Jonas trouve son jean comme il faut. ☐
4. Les deux jumelles se disputent au sujet de la couleur des jupes de Lisa. ☐
   Les deux jumelles se disputent au sujet du nombre de jupes de Lisa. ☐

3. Pour aller plus loin.
Les affirmations sont-elles vraies (richtig) ou fausses (falsch) ?
Cherche dans le dialogue les passages te permettant de justifier ta réponse.

	Richtig	Falsch
1. Lena findet Lisas Rock kurz. ■ ……………………	☐	☐
2. Lisa findet Lenas Jeans auch kurz. ■ ……………………	☐	☐
3. Jonas findet Lenas Jeans gut. ■ ……………………	☐	☐
4. Lisa findet Röcke super. ■ ……………………	☐	☐
5. Jonas geht in das neue Cybercafé. ■ ……………………	☐	☐

Grammatik mit Taktik (1)

(➤ manuel pp. 16-17)

Te souviens-tu comment on conjugue un verbe au présent ? Sinon, reporte-toi à la page 16 de ton manuel.

1. Complète les phrases par la forme voulue du verbe *sein* au présent :

1. Lena .... Lisas Zwillingsschwester. (*die Zwillingsschwester* : la sœur jumelle)

2. « Ich .... vierzehn », sagt Lisa. (*sagen* : dire)

3. « Du .... blöd ! » sagt Lena zu Lisa. (*blöd* : idiot(e))

4. « Lisa und Lena, wo .... ihr ? », fragt die Mutter. (*fragen* : demander)

5. « Wir .... hier, im Garten », antworten die Mädchen. (*antworten* : répondre)

6. Die Schwestern .... beide vierzehn.

7. Jonas .... im Cybercafé.

8. Jonas' Eltern .... getrennt. (*getrennt* : séparé)

9. Jonas' Vater .... nicht jung.

10. Aber Jonas' Mutter .... jünger.

2. Complète les phrases par la forme voulue du verbe *haben* au présent.

1. Lisa .... eine Zwillingsschwester.

2. « Ich .... sieben Röcke », sagt Lisa.

3. « Du .... aber zu viele Röcke ! » sagt Lena.

4. Lisa und Lena, ... ihr einen Hund ?

5. Nein, wir .... einen Hamster.

6. Die Mädchen .... einen Freund, Jonas.

3. Fais la connaissance de Julia en complétant ce texte. Conjugue les verbes entre parenthèses !

1. Ich .... (*heißen*) Julia.

2. Ich .... (*sein*) 15.

3. Ich .... (*wohnen*) in Bern.

4. Ich .... (*haben*) eine Schwester und einen Bruder.

5. Mein Hund .... (*heißen*) Fox, er .... (*sein*) zwei.

6. Meine Lieblingsklamotten .... (*sein*) Jeans, aber ich ....(*finden*) auch Miniröcke gut.

Grammatik mit Taktik (2) (➤ manuel p. 16)

Tu as rencontré déjà plusieurs déterminants : l'article défini, indéfini et quelques possessifs (manuel page 16). Vérifie si tu as compris leur emploi.

1. L'article indéfini et les possessifs.
Complète les phrases selon le modèle.

Singulier : Da ist ein Rock. ➤ *Ist es dein Rock? – Nein, es ist nicht mein Rock.*

Pluriel : Da sind Schuhe. ➤ *Sind es deine Schuhe? – Nein, es sind nicht meine Schuhe.*

1. Da ist eine Jeans. ➤ .... *– Nein,* ....
2. Da ist ein T-Shirt. ➤ .... *– Nein,* ....
3. Da sind Turnschuhe. ➤ .... *– Nein,* ....
4. Da ist eine Lederjacke. ➤ .... *– Nein,* ....
5. Da ist eine Jogginghose. ➤ .... *– Nein,* ....

2. L'article défini et le pronom personnel. Remplace le groupe nominal par le pronom personnel adéquat, en surlignant à chaque fois la marque comme sur le modèle.

Das Mädchen wohnt in Hamburg. ➤ *Es wohnt in Hamburg.*

1. Die Hunde heißen Max und Moritz. ....
2. Der Onkel wohnt in München. ....
3. Die Schwester ist 14. ....
4. Das Baby heißt Lola. ....
5. Der Großvater findet Lisas Röcke zu kurz. ....

Te souviens-tu comment on pose des questions ? (manuel page 17)
Remémore-toi les différentes règles avant de passer à l'exercice suivant.

3. Comment demandes-tu à quelqu'un... :

1. où il habite ? ....
2. quel âge il a ? ....
3. comment il s'appelle ? ....
4. si Jonas a une sœur ? ....
5. si Lisa et Lena sont jumelles (Zwillinge) ? ....

Der Lesedetektiv

Ein Steckbrief (➤ manuel p. 18)

Classe ces informations à propos du personnage mystérieux dans les trois rubriques ci-dessous :

■ Corinna ■ er wohnt in der Schweiz ■ 1969 geboren ■ 74,5 kg
■ ein Sportler ■ 1,74 m ■ zwei Kinder ■ das Auto
■ ein Bruder ■ Italien ■ der Gewinner von Formel 1 Rennen

1. Son physique et son âge ....

2. Ses activités professionnelles ....

....

3. Sa vie privée ....

....

Rund um...

die Familie (➤ manuel p. 19)

Complète ton arbre généalogique par le nom, l'âge des membres de ta famille et leur lieu d'habitation. Tu peux même coller des photos si tu veux.

meine Großeltern

mein Großvater
■ ....
....
....

meine Großmutter
■ ....
....
....

meine Eltern

meine Mutter
■ ....
....
....

mein Vater
■ ....
....
....

meine Tante
■ ....
....
....

mein Onkel
■ ....
....
....

die Kinder

ich
■ ....
....
....

mein Bruder
■ ....
....
....

meine Schwester
■ ....
....
....

Spiele

A. Partnerspiel. *Wer ist das ?* (Grille A)
1. Remplis la grille te concernant (*ich*).
2. Pose des questions à un(e) camarade. (La grille B se trouve p. 21)
Il (elle) a les renseignements qui te manquent. Réponds toujours par des phrases entières.

Wie heißt er/sie?	Wie alt ist er/sie?	Wo wohnt er/sie?	Hat er/sie Lieblings-klamotten?	Wie findet er/sie Jeans?
Jonas Hansen	15	in Hamburg	Ja: Jeans und T-Shirts	super
Julia Peters	■	■	■	■ ....
Silke Tornow	14	in Berlin	Ja: Miniröcke, Lederjacken	blöd
Lisa Horn	■	■	■	■ ....
Sebastian Raimund	14	in Wien	Nein	gut
Mein Partner	■	■	■	■ ....
Ich	■	■	■	■ ....

B. Ein Spiel : Bingo !
Remplis ta grille avec neuf chiffres que tu choisiras entre 0 à 19. Barre-les au fur et à mesure que ton professeur les annonce. Dès que tout est barré, crie « Bingo ! ».

Teste dich (1)

Auto-évaluation

Revois d'abord la leçon 1 si tu veux faire un bon score !
Comment peux-tu dire pour... ?

1. te présenter en donnant ton nom, ton âge et l'endroit où tu habites.

2. demander à quelqu'un de donner son nom.

3. demander à quelqu'un de donner son âge.

4. demander à quelqu'un de donner l'endroit où il habite.

5. demander à quelqu'un de ses nouvelles.

6. répondre, en disant comment tu vas (plusieurs réponses).

7. demander qui est quelqu'un que tu ne connais pas.

8. répondre et dire comment s'appelle cette personne.

9. dire quels sont tes vêtements préférés.

10. dire comment tu trouves quelqu'un ou quelque chose

11. parler de ta famille, en donnant le nom et l'âge des différentes personnes qui la composent.

12. prendre congé de quelqu'un

score /12

Teste dich (2) Auto-évaluation

Écoute la présentation des différentes personnes et complète la grille.

Name	Alter	Stadt	Familie/Tiere/Sport
1. Tim			eine Schwester
2. Johanna	14		
3. Joachim Schneider		Stuttgart	
4. Sabine Schneider			zwei Kinder Thomas.................., ... 8, ...

Wörter...

Puise dans le réservoir, puis écris la légende correspondant à chaque dessin.

■ Ich bin dreizehn. ■ Das ist meine Schwester. ■ Ich heiße Sandra. ■ Wo wohnst du ?

■ ....

■ ....

■ ....

■ ....

Wann und wo?

2

Start 1 (➤ manuel p. 23)

Tu vas entendre quatre dialogues correspondants à quatre situations. Dans quel ordre apparaissent-elles ?

a.	b.	c.	d.

Start 2 (➤ manuel p. 24-25)

Écoute bien le mini-dialogue et coche l'énoncé qui correspond à ce qui est dit :

Situation 1 :
Le touriste américain
☐ dit bonjour.
☐ demande son chemin.

Jonas
☐ dit où se trouve le lac de Hambourg appelé Außenalster.
☐ demande de répéter.

Situation 2 :
Anja
☐ demande le lieu et l'heure du rendez-vous.
☐ demande qui viendra aussi.

Paul
☐ propose un lieu et une heure.
☐ parle de son cousin Luigi.

Situation 3 :
Madame Müller
☐ dit qu'elle va à la poste.
☐ demande où est la poste.

Le vendeur de journaux
☐ prend congé de Madame Müller.
☐ indique où se trouve la poste.

Situation 4 :
Le policier
☐ dit à Lisa qu'elle roule trop vite.
☐ lui demande son nom et son adresse.

Lisa
☐ donne son nom.
☐ donne le nom de sa sœur.

Sprechsituationen

Wir treffen uns (➤ manuel p. 24-25)

Noch etwas

Réécoute les dialogues, observe bien le transparent et retrouve les éléments suivants :

Dialogue 1
Comment s'appelle le lac de Hambourg où veut se rendre le touriste américain? ....

Dialogue 2
Quel est le nom du glacier? De quelle origine est-il, à ton avis?

....

Dialogue 4
La rue où habitent les Horn porte le nom d'un musicien célèbre. Lequel? ....

En Allemagne, quelles sont les couleurs indiquant la police? ....

Et la poste? ....

Sprechsituationen Das kannst du schon! (➤ Livre p. 24-25)

Voici quatre situations. Trouve dans le réservoir le mini-dialogue qui correspond à chaque situation, puis écris-le.

a.
– Wo treffen wir uns?
– Im Eiscafé.

b.
– Wann treffen wir uns?
– Um fünf Uhr, o.k.?

c.
– Sorry, we would like to go to the Außenalster.
– Wie bitte? Können Sie bitte wiederholen?

d.
– Entschuldigung. Wo ist bitte die Post?
– Da!

■ ....

....

1.

■ ....

....

2.

■ ....

....

3.

■ ....

....

4.

Hör gut zu

Am Telefon (➤ manuel p. 26)

Dans cette conversation téléphonique, que dit-on pour...

1. … saluer au début de la conversation ?

....

2. … faire patienter ?

....

3. … faire répéter ?

....

4. … remercier ?

....

5. … saluer à la fin de la conversation ?

....

Musikbox

Voyelles longues - voyelles brèves (➤ manuel p. 26)

Voyelle longue ou brève ? Écoute bien et coche la bonne réponse.

	La voyelle **a** est longue	La voyelle **a** est courte	La voyelle **o** est longue	La voyelle **o** est courte
Tag				
Tante				
Sohn				
da				
Klamotten				
wohnen				
Vater				
Rock				
wo				
danke				
Sportler				
haben				
Name				
Tochter				
Hose				

 Die Partnerklasse (➤ manuel p. 28)

1. Pour bien commencer.
Dans une lettre, on utilise souvent des formules toutes faites. Retrouve-les.

1. Indiquer le lieu d'où l'on écrit.	**a.** Wie geht's?	☐
2. Donner la date.	**b.** Hier ist alles o. k.	☐
3. Indiquer le nom de ceux à qui l'on écrit.	**c.** Hamburg,...	☐
4. Demander si tout va bien.	**d.** Viele Grüße von...	☐
5. Donner de ses nouvelles.	**e.** ..., den 7. September...	☐
6. Terminer par une formule de politesse.	**f.** Lieber Patrick, liebe Aurélie!	☐

2. Pour mieux écouter.
Lis ce qu'Agnès a retenu de la lettre des correspondants de Hambourg.
Écoute l'enregistrement, puis souligne les erreurs qu'elle a pu faire et corrige-les.

1. Nos correspondants nous ont écrit le 7 septembre. ....

2. Ils ont repris la classe fin septembre! ....

3. Ils vont bientôt avoir un accès Internet. ....

4. Ils voudraient savoir si nous avons une boîte aux lettres sur Internet. ....

5. Nos correspondants espèrent bientôt venir à Marseille. ....

3. Pour aller plus loin.
Relève dans la réplique de Jonas et dans sa lettre les passages qui montrent :

1.... qu'il veut l'avis de ses camarades avant d'envoyer la lettre.

....

2.... qu'il n'est pas tellement content d'avoir repris l'école.

....

3.... que son école est maintenant sur Internet.

....

4.... qu'il aime bien tout ce qui touche à l'informatique.

....

5.... qu'il voudrait savoir quand les Français viendront à Hambourg.

....

6.... que ses camarades sont d'accord avec ce qu'il a écrit.

....

Grammatik mit Taktik (1) (➤ manuel p. 30-31)

Te souviens-tu de la place qu'occupe le verbe dans une phrase déclarative ? et dans une question ? Sinon, reporte-toi au livre p. 30 et 31. À toi de jouer !

1. Remets les groupes de mots dans l'ordre voulu pour former des phrases déclaratives.

einen Brief nach Marseille – die Schüler – schreiben.
➤ *Die Schüler schreiben einen Brief nach Marseille.*

1. wir – uns – im Eiscafé – treffen.

....

2. hat – unsere Schule – eine Internet-Adresse – jetzt.

....

3. nach Hamburg – die Schüler aus Marseille – kommen – bald.

....

4. hier – alles o.k. – in Hamburg – ist.

....

5. Paul – ist – das.

....

6. eine Partnerklasse – Jonas' Klasse – in Marseille – hat.

....

2. Remets les groupes de mots dans l'ordre voulu pour former des questions.

die Schüler in Marseille – wieder Schule – haben ?
➤ *Haben die Schüler in Marseille wieder Schule ?*

1. wir – uns – wo – treffen ?

....

2. ihr – nach Hamburg – wann – kommt ?

....

3. eine Mail-Box – ihr – habt – auch ?

....

4. wiederholen – Sie – können ?

....

5. deine Telefonnummer – ist – wie ?

....

6. deine Lieblingsklamotten – warum – sind – Hosen und T-Shirts ?

....

Grammatik mit Taktik (2) (➤ manuel p. 30-31)

Te souviens-tu comment on forme le génitif saxon ? Sinon, reporte-toi au livre p. 26 !

1. Utilise le génitif saxon comme sur le modèle.

Frau Müller hat Kinder. Sie wohnen in München. ➤ *Frau Müllers Kinder wohnen in München.*

1. Lisa hat eine Schwester. Sie heißt Lena.

➤ ....

2. Jonas hat einen Onkel. Er kommt aus München.

➤ ....

3. Paul hat eine Freundin. Sie wohnt in Hamburg.

➤ ....

4. Frau Horn hat zwei Töchter. Sie sind Zwillinge.

➤ ....

5. Jonas hat eine Tante. Sie heißt Hannelore.

➤ ....

Vérifie que tu connais les conjugaisons de *können*, *sein* et *haben* !

2. Complète ce qu'écrit Lena en conjuguant les verbes entre parenthèses.

Im April .... (*können*) ich nach Marseille fahren. Hoffentlich .... (*können*) die Franzosen im Juni kommen. Im Juni .... (*können*) wir in Hamburg Wassersport treiben. Das .... (sein) toll ! Das .... (*finden*) ich super ! Und im Juli .... (*haben*) dann wir Ferien !

Te rappelles-tu ce que sont les questions en *W* ? Sinon reporte-toi au livre p. 177 !

3. Pose la question se rapportant au groupe de mots en gras.

Frau Müllers Kinder wohnen in München. ➤ *Wer wohnt in München ?*

1. Lisas und Lenas Freund heißt **Jonas.**

....

2. **In Hamburg** findet man viele Parks.

....

3. Wir treffen uns **um halb vier** im Eiscafé.

....

4. Das ist **Jonas' Onkel**.

....

Der Lesedetektiv Informationen über Hamburg (➤ manuel p. 32)

Choisis parmi les informations ci-dessous afin de donner les renseignements exacts sur Hambourg.

- Hafenstadt
- Medienstadt und Pressestadt
- In Norddeutschland
- Universitätsstadt
- 1 705 000
- internationales Zentrum
- Museen
- Parks
- Diskotheken
- an der Elbe und an der Alster
- Kinos
- Fischspezialitäten
- Wassersport

1. Le nombre d'habitants ....

2. La situation géographique

a. ....

b. ....

3. Les activités

a. ....

b. ....

c. ....

d. ....

4. Les loisirs

a. ....

b. ....

c. ....

d. ....

e. ....

5. Les plats typiques

....

1. Inscris sur la carte le nom des pays entourant l'Allemagne.

■ Polen ■ die Tschechische Republik ■ Österreich ■ Frankreich ■ Belgien

■ Luxemburg ■ die Schweiz ■ Dänemark ■ die Niederlande

2. Place les villes, fleuves, mers et montagnes dont la liste suit.

■ **die Städte** ■ Berlin ■ München ■ Frankfurt ■ Bonn ■ Hamburg ■ Dresden
■ **die Flüsse** ■ der Rhein ■ die Elbe ■ die Donau ■ der Main
■ **die Meere** ■ die Nordsee ■ die Ostsee
■ **die Berge** ■ die Alpen

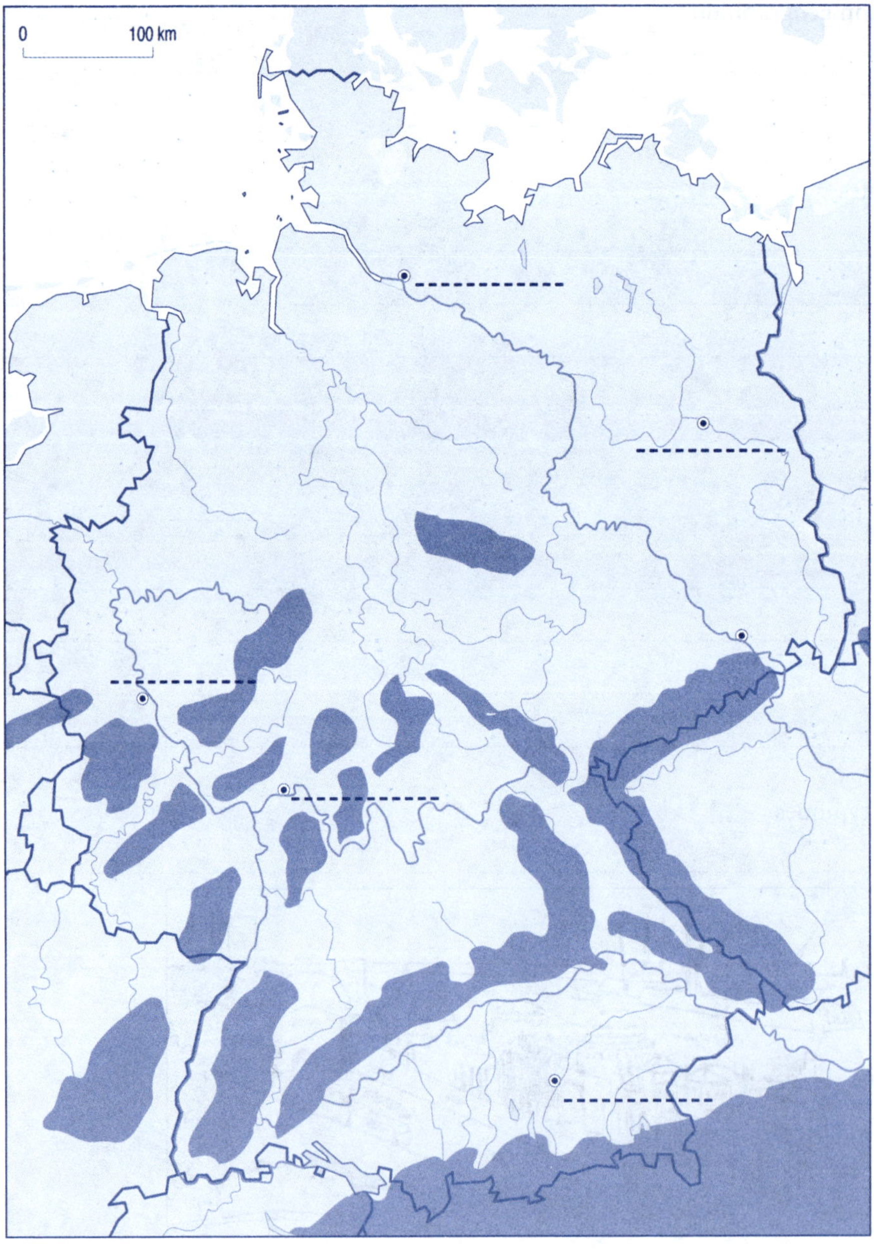

Spiele

A. Partnerspiel : *Wer ist das?* (Grille B)

1. Remplis la ligne te concernant *(ich)*.

2. Pose des questions à un(e) camarade. La grille A se trouve p. 10.

Il (elle) a les renseignements qui te manquent. Réponds toujours par des phrases entières.

Wie heißt er/sie?	Wie alt ist er/sie?	Wo wohnt er/sie?	Hat er/sie Lieblings-klamotten?	Wie findet er/sie Jeans?
Jonas Hansen				
Julia Peters	14	in Köln	Ja: Jeans mit Turnschuhen.	Super.
Silke Tornow				
Lisa Horn	14	in Hamburg	Ja: Röcke.	Nicht gut.
Sebastian Raimund				
Mein Partner				
Ich				

Zahlenrätsel

- eins : H
- zwei : K
- drei : B
- vier : E
- fünf : R
- sechs : U
- sieben : D
- acht : F
- neun : N
- zehn : T
- elf : S
- zwölf : I
- dreizehn : C
- vierzehn : A
- fünfzehn : O
- sechzehn : M
- siebzehn : L
- achtzehn : P
- neunzehn : J
- zwanzig : Z
- einundzwanzig : W

					▼						
				11		5	4	13	1	4	9
				3		17	7				
				3		12	4	8			
	19	4	10	20							
2	15	16	16	4							
						9	7	4			
17	4	12	7	4							
				15							
				14		17	4	11			
				21		9	9				
						13	1	6	17	4	
14	7	5	4	11		4					
						12	11				

➤ **Wir haben eine** | | | | | | | | | | | | | |

Teste dich (1) Auto-évaluation

Revois d'abord la leçon 2 si tu veux faire un bon score !

Comment peux-tu dire pour... ?

1. demander que quelqu'un répète

a. si tu le tutoies. ....

b. si tu le vouvoies. ....

2. dire à quelqu'un que tu n'as pas compris (2 solutions),

a. ....

b. ....

3. t'excuser auprès de quelqu'un.

....

4. demander à quelqu'un où se trouve quelque chose (par ex. le cybercafé).

....

5. répondre à cette question.

....

6. demander où est le point de rendez-vous,

....

7. demander quand tu retrouves tes amis.

....

8. répondre en indiquant un jour (par ex. mardi) et une heure (par ex. à 7h et demie).

....

9. répondre en donnant un mois (par ex. en août).

....

10. commencer une lettre a) à un garçon b) à une fille.

a. ....

b. ....

11. terminer une lettre.

....

12. remercier quelqu'un.

....

score | /12

Teste dich (2) — Auto-évaluation

Écoute bien et trouve la bonne réponse.

1. Quel titre correspond à quel dialogue ?

a. Présenter ses excuses ....

b. Un rendez-vous entre amis ....

c. Impossible de comprendre ....

d. Demander des coordonnées ....

2. a. Note le numéro de téléphone que tu entends. ....

b. Note le lieu, le jour et l'heure du rendez-vous fixé. ....

Wörter...

(➤ Livre p. 29)

Serpent de mots. Sépare les phrases et les mots.
Réécris tout, n'oublie pas la ponctuation, les majuscules et le *Umlaut*.

1. Wanntreffenwirunsumdreiuhrundwobeichristinehastduchristinesadressejapoststraßezwanziggutichkommetschus

■ ....

....

....

....

2. Wassinddeinelieblingsklamottenichfinderockesuperistdeinrockneuneinmeinrockistzulangjavielzulangichfindedeinehosetollabersieistzukurz

■ ....

....

....

....

Etappe 1 : Hamburg gestern und heute (➤ manuel pp. 36-37)

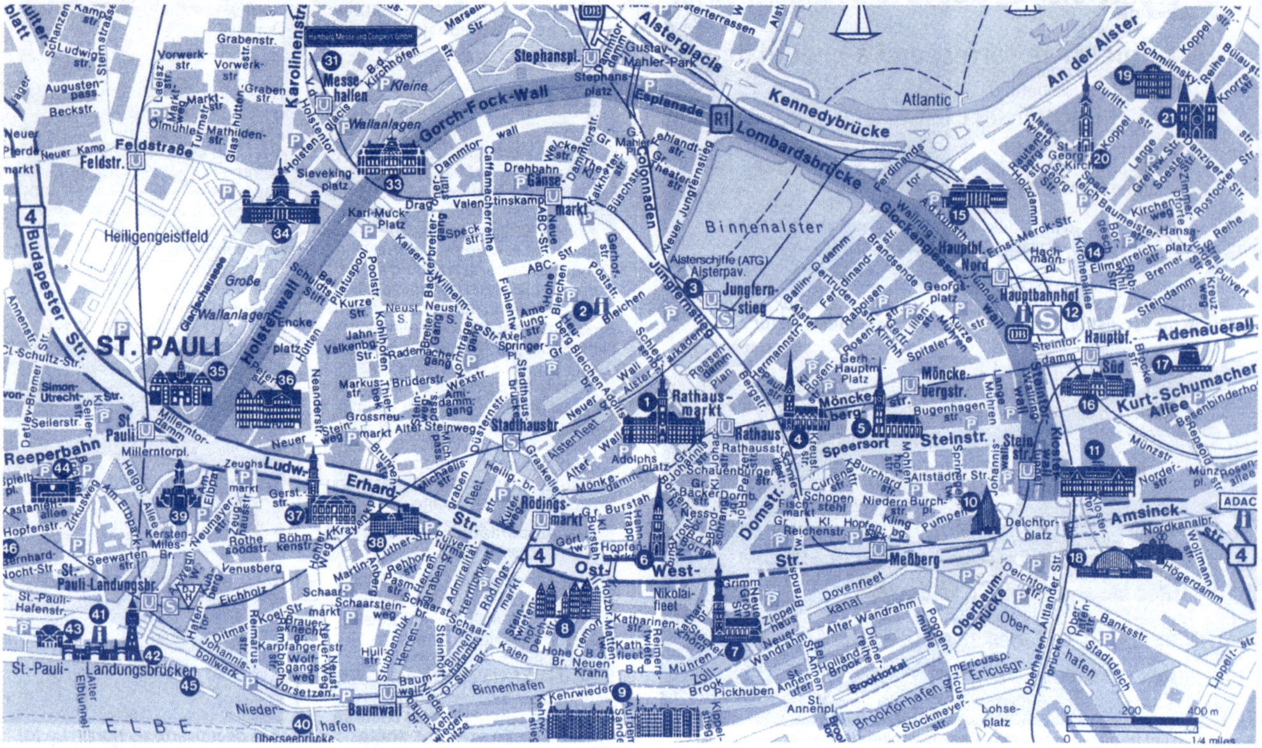

Hamburg gestern

1. Dessine avec un surligneur les larges avenues qui s'appellent :
Holstenwall, Gorch-Fock-Wall, Glockengiesserwall, Steintorwall, Klosterwall.
À ton avis, que trouvait-on autrefois à l'emplacement de ces avenues ?

....

2. Marque maintenant d'une autre couleur : Millerntor, Holstentor, Ferdinandstor, Steintor, Deichtor.
Que trouvait-on selon toi au XVIIIe siècle à ces endroits ?

....

Hamburg gestern und heute

1. Repasse en bleu les endroits où tu vois de l'eau. (Reporte-toi au plan en couleur de la p. 36 de ton manuel.)

2. De quels endroits s'agit-il ? Coche la ou les réponse(s) correcte(s) :

☐ La mer du Nord

☐ Un fleuve : l'Elbe

☐ Des canaux

Dafür, dagegen

Start 1 (➤ manuel p. 41)

Dans quel ordre entends-tu les quatre propositions ?

a.	b.	c.	d.

Start 2 (➤ manuel p. 41)

Situation 1 :
- ☐ Jonas a faim.
- ☐ Jonas s'ennuie.

- ☐ Monsieur Hansen lui demande s'il a envie d'aller à la pizzeria.
- ☐ Monsieur Hansen veut aller à la pizzeria.

Situation 2 :
- ☐ Madame Horn veut aller au marché de Noël.
- ☐ Madame Horn propose à Lena et Lisa une sortie au marché de Noël.

- ☐ Lisa et Lena sont d'accord.
- ☐ L'une est d'accord, l'autre n'a pas envie.

Situation 3 :
Il dit qu'il faut faire des courses parce que :
- ☐ il n'y a plus rien à manger.
- ☐ il n'y a plus de coca cola.

- ☐ Elle lui demande d'y aller.
- ☐ Elle accepte d'y aller.

Situation 4 :
- ☐ Paul veut aller au cinéma.
- ☐ Paul propose à Anja d'aller au cinéma.

Anja veut savoir
☐ où se joue le film ☐ ce que l'on joue.

Le film commence à
☐ 9 heures. ☐ 8 heures et quart.

Sprechsituationen Pläne machen (➤ manuel p. 43)

Noch etwas

Réécoute les dialogues et indique la ponctuation qui convient à la fin de chaque phrase. Choisis entre le point, le point d'interrogation et le point d'exclamation.

Dialogue 1
Papa ....
Es ist schon ....
Wann ....
Möchtest du ....
Ja ....

Dialogue 2
Kinder ....
Nein ....
Ich habe ....
Das ist ....

Dialogue 3
Oh ....
Wir haben ....
Wir müssen ....
Schon ....
Gehst du ....

Dialogue 4
Wollen wir ....
Was ....
Der neue ....
Ja ....

Sprechsituationen Das kannst du schon! (➤ manuel p. 42-43)

Voici quatre situations. Choisis dans le réservoir ci-dessous les mini-dialogues correspondant à chaque situation, puis réécris-les.

a.
– Wollen wir in die Pizzeria gehen?
– Ja, toll!

b.
– Möchtet ihr auf den Weihnachtsmarkt gehen?
– Nein, danke.
– Ja, einverstanden!

c.
– Hast du Lust, ins Kino zu gehen?
– Ja, gute Idee!

d.
– Wir müssen noch schnell einkaufen!
– Ich habe keine Lust. Gehst du?

■ ....

....

■ ....

1.

■ ....

....

....

■ ....

■ ....

2.

■ ....

....

■ ....

....

3.

■ ....

■ ....

4.

Hör gut zu

Das « Phantom der Oper » (➤ manuel p. 44)

Max et Moritz ont posé les pattes là où il ne fallait pas !
Écoute bien l'enregistrement et trouve les mots manquants.

Jonas – Hallo, Lena ! Hast du ...., in ein Musical zu gehen?

Lena – Ein Musical?

Jonas – Ja, ich habe .... Karten für das « Phantom des Oper ».

Lena – Das ...., ein .... Na ja, warum nicht?

Jonas – Prima ! Wann treffen wir uns?

Lena – Um ...., o.k. ?

Jonas – Einverstanden ! Ich ....um sieben. Tschüs !

Lena – ....!

Musikbox

La voyelle <e> (➤ manuel p. 44)

Écoute, repère la voyelle <e> et essaie de distinguer si elle est longue et fermée, ou brève et ouverte.

	longue et fermée	brève et ouverte
1. treffen		
2. Name		
3. Ende		
4. sehen		
5. Herr		
6. Lehmann		
7. jetzt		
8. verstehen		
9. essen		
10. sehr		

Zum Dialog — Beim Abendessen (➤ manuel p. 46)

1. Pour bien commencer.
Écris les noms des aliments sous le dessin.

■ .... ■ .... ■ .... ■ ....

■ .... ■ .... ■ .... ■ ....

2. Pour mieux écouter.
Coche la (ou les) case(s) correspondant à la situation du sketch :

1. **a.** La famille Horn est à table, il est 19 heures. ☐
   b. La famille Horn est à table, il est 18 heures. ☐
2. **a.** Lisa ne veut rien manger. ☐
   b. Lena a faim et demande qu'on lui passe la charcuterie et la salade. ☐
3. **a.** Monsieur et Madame Horn se font du souci pour Lisa. ☐
   b. Monsieur et Madame Horn trouvent que Lena a bon appétit. ☐
4. **a.** Monsieur Horn demande à Lena ce qu'a sa sœur. ☐
   b. Lisa est contrariée parce que sa sœur va voir une comédie musicale avec Jonas. ☐

3. Pour aller plus loin.
Réponds aux questions en mettant une croix dans la colonne qui convient.

	Frau H.	Herr H.	Lisa	Lena
1. Wer will das Brot und die Butter?	☐	☐	☐	☐
2. Wer will nichts essen?	☐	☐	☐	☐
3. Wer hat Hunger?	☐	☐	☐	☐
4. Wer möchte den Aufschnitt und den Salat?	☐	☐	☐	☐
5. Wer glaubt, mit Lisa stimmt was nicht?	☐	☐	☐	☐
6. Wer geht heute Abend mit Jonas ins Musical?	☐	☐	☐	☐
7. Wer ist sauer?	☐	☐	☐	☐

Grammatik mit Taktik (1) (➤ manuel p. 48-49)

Te souviens-tu comment on conjugue au présent les verbes et notamment certains verbes de modalité ? Sinon, reporte-toi à la page 49 du manuel.

1. Mets les verbes entre parenthèses à la forme voulue.

Es .... (*sein*) 6 Uhr. Familie Horn .... (*wollen*) Abendbrot essen. « .... (*geben*) du mir mal das Brot und die Butter ? » .... (*fragen*) Frau Horn. Lena .... (*haben*) großen Hunger, aber Lisa .... (*essen*) nichts. Herr und Frau Horn .... (*glauben*), die Tochter .... (*sein*) krank. Aber Lisa .... (*sein*) sauer, weil sie nicht ins Musical mit Jonas .... (*gehen*).

2. Forme des phrases à partir des groupes de mots suivants.

du – in die Stadt gehen – (*müssen*) ? ➤ *Musst du in die Stadt gehen ?*

1. du – Brot und Butter essen – (*wollen*) ?

....

2. nein – ich – nichts essen – (*wollen*).

....

3. ich – einkaufen gehen – (*müssen*) ?

....

4. ich – nicht – (*können*).

....

Te souviens-tu comment on forme la négation d'un groupe nominal indéfini ou partitif ? Sinon, reporte-toi à la page 48 du manuel.

3. Tu refuses tout ce qu'on te propose. Réponds selon le modèle.

Möchtest du Brot ? ➤ *Nein, ich möchte kein Brot.*

1. Möchtest du einen Apfel ? ➤ ....

2. Möchtest du Milch ? (die) ➤ ....

3. Möchtest du Cola ? (die) ➤ ....

4. Möchtest du eine Pizza ? ➤ ....

5. Möchtest du Mineralwasser ? (das) ➤ ....

Grammatik mit Taktik (2)

(➤ manuel p. 48-49)

Te souviens-tu comment distinguer un G.N sujet d'un G.N complément ? Sinon, reporte-toi à la page 48 du manuel.

1. Beaucoup de choses te font envie. Mais renseigne-toi sur les prix...

■ Ich möchte einen Fotoapparat. Wie viel kostet ein Fotoapparat ? ➤ *Der Fotoapparat kostet 40 €.*

1. ■ ……………………………………………
   ■ ……………………………………………
2. ■ ……………………………………………
   ■ ……………………………………………
3. ■ ……………………………………………
   ■ ……………………………………………
4. ■ ……………………………………………
   ■ ……………………………………………
5. ■ ……………………………………………
   ■ ……………………………………………

■ der Fotoapparat	40 €
■ die Skates (pluriel!)	50 €
■ der Walkman	30 €
■ die CD	15 €
■ das Rollenspiel	11 €
■ die Videokassette	20 €

2. « Wie viel Uhr ist es ? » Écris l'heure en toutes lettres sous les pendules.

1. ……………………………………………

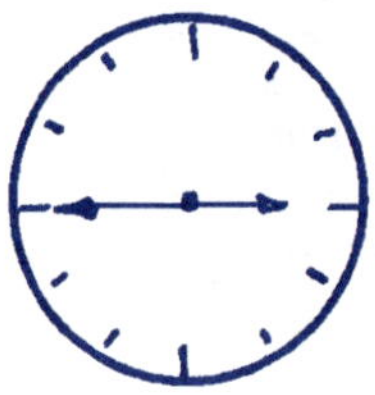

2. ……………………………………………

3. ……………………………………………

4. ……………………………………………

5. ……………………………………………

6. ……………………………………………

Der Lesedetektiv Weihnachtsplätzchen (➤ manuel p. 50)

1. Trois ingrédients ont été ajoutés par erreur à la recette des « Engelsaugen ». Trouve-les et barre-les.

2. Pour ceux dont tu as besoin pour la recette, indique le mot allemand et la quantité nécessaire.

■ de la farine	■ *Mehl*	■ *300 g*
■ du lait	■	■ ....
■ du beurre	■	■ ....
■ de la margarine	■	■ ....
■ du sucre	■	■ ....
■ des amandes en poudre	■	■ ....
■ de l'œuf	■	■ ....
■ du citron	■	■ ....
■ du sel	■	■ ....
■ de la gelée de fruits rouges	■	■ ....

Rund um... die Stadt (➤ manuel p. 51)

Où peut-on trouver les objets représentés ci-dessous ?

1.  ■ Im ....

2.  ■ Im ....

3.  ■ Im ....

4.  ■ Im ....

5.  ■ Im ....

Spiele

A. Partnerspiel. *Wer, wohin, wann?* (Grille A)

1. Remplis la ligne te concernant (*ich*).

2. Pose des questions à ton (ta) camarade. La grille B se trouve p. 44. Il (elle) a les renseignements qui te manquent. Réponds toujours à ses questions par des phrases entières.

Wer?	Was möchte er/sie machen?	Wohin geht er/sie?	Wann geht er/sie hin?	Geht er/sie allein hin?
Jonas	■ eine Pizza essen	■ in die Pizzeria	■ um 19 Uhr	Nein, mit seinem Vater
Julia	■	■	■	■ ....
Frau Horn	■	■	■	■ ....
Paul	■ den neuen Film von Spielberg sehen	■ ins Kino	■ um Viertel nach acht	■ Nein, mit Anja
Mein Partner	■	■	■	■ ....
Ich	■	■	■	■ ....

B. Ein Spiel

À l'aide des mots suivants, forme six mots composés. Écris-les sans oublier les articles !

■ ~~Name~~ ■ Salat ■ Club ■ Straße ■ Partner ■ Post ■ Eis ■ Klasse ■ Tennis ■ Markt ■ ~~Straße~~ ■ Weihnacht(s) ■ Café ■ Kartoffel

■ das

■ ~~der~~ ■ der ■ der ■ der

■ die ■ die

■ *der Straßenname* ■ ....

■ .... ■ ....

■ .... ■ ....

Teste dich (1) Auto-évaluation

Revois d'abord la leçon 3 si tu veux faire un bon score !
Comment peux-tu dire pour... ?

1. proposer à un ami de faire quelque chose, par exemple d'aller à la pizzeria (3 possibilités).

2. répondre positivement à une proposition.

3. répondre négativement à une proposition.

4. exprimer une obligation, une nécessité (par exemple aller faire les courses).

5. dire ce que tu achètes (du pain, de la charcuterie).

6. demander quel est le programme au cinéma le Rex (*im Rex*).

7. demander quelle heure il est.

8. indiquer une heure.

9. dire que tu as faim ou pas faim.

10. demander à quelqu'un de te passer un aliment à table (2 façons).

11. dire que tu aimes bien un aliment (par exemple le fromage).

12. exprimer une supposition (je crois que....).

score / **12**

Teste dich (2)

Auto-évaluation

Écoute les quatre dialogues et complète les grilles.

	lieu	heure	activités	nourriture
1.				
2.	Stadt			
3.				Salz
4.				Brot, Butter

2. Indique si les propositions sont acceptées ou refusées.

1.	2.	3.	4.
■	■	■	■ ....

Wörter...

Aide-toi des dessins pour retrouver les mots oubliés.

1. Ich möchte ins  .... gehen.

2. Ich habe Hunger! Du kannst eine  .... essen.

3. Er kauft auf dem  .... ein.

4. Jonas hat Lust, einen  .... zu schreiben.

5. Die  .... haben eine E-mail Adresse.

Comics — Kaspar Hauser (➤ manuel p. 54-55)

La vraie histoire de Kaspar Hauser reste mystérieuse. Ce garçon est retrouvé à l'âge de 17 ans dans les environs de Nuremberg. Il présente tous les signes des enfants sauvages; c'est-à-dire qu'il ne sait pas parler, n'est pas habitué à vivre en société; il possède en revanche un odorat et une ouïe surdéveloppés. Sa vraie origine ne sera jamais découverte. Certains pensent qu'il est le fils non désiré et abandonné du grand duc Charles de Bade.

Relis la B.D. de Kaspar Hauser dans ton manuel, pp. 54 et 55 et coche la bonne réponse.

1. À propos des premières années de Kaspar Hauser…
- **a.** Er hat eine Familie. ☐
- **b.** Er ist ganz allein. ☐
- **c.** Er hat einen Onkel. ☐

2. À propos de son âge, lorsqu'on le retrouve près de Nuremberg…
- **a.** Er ist dreizehn. ☐
- **b.** Er ist fünfzehn. ☐
- **c.** Er ist siebzehn. ☐

3. À propos de sa famille d'accueil…
- **a.** Herr Daumer ist Polizist. ☐
- **b.** Herr Daumer ist Verkäufer. ☐
- **c.** Herr Daumer ist Professor. ☐

4. À propos des goûts alimentaires de Kaspar…
- **a.** Kaspar isst alles. ☐
- **b.** Kaspar hat keinen Hunger. ☐
- **c.** Kaspar will kein Fleisch essen. ☐

5. À propos de sa vie d'adulte…
- **a.** K. Hauser lebt in Nürnberg. ☐
- **b.** Er wohnt in München. ☐
- **c.** Er lebt in Hamburg. ☐

6. À propos de l'intérêt que l'on manifeste pour le destin de Kaspar Hauser…
- **a.** Keiner interessiert sich für K. Hauser. ☐
- **b.** Viele Länder interessieren sich für K. Hauser. ☐
- **c.** Ganz Europa interessiert sich für K. Hauser. ☐

7. À propos de ses parents…
- **a.** Alle kennen die Eltern von Kaspar. ☐
- **b.** Kaspar weiß, wer seine Eltern sind. ☐
- **c.** Keiner kennt die Eltern von Kaspar Hauser. ☐

 (➤ manuel p. 56)

Voici encore un exemple.

Timm Ulrichs, *Anspiel,* Inter-Nationes.

Rédige un autre poème. Inspire-toi aussi des modèles proposés.
Voici des mots que tu pourras utiliser.

der Tag	die Nacht	möglich	unmöglich
der Sommer	der Winter	interessant	uninteressant …
die Sonne	der Mond		
der Mann	die Frau		
jung	alt		
groß	klein		
viel	wenig …		

Für mich und für dich

4

Start 1 (➤ manuel p. 59)

Quelle situation apparaît deux fois ? ……………………………………

Dans quel dialogue ? ……………………

Start 2 (➤ manuel p. 59)

Situation 1 :
- ☐ Anja fait une proposition à Paul pour l'achat du sapin.
- ☐ Paul refuse d'acheter un sapin de Noël.

- ☐ Paul n'est pas d'accord avec le choix de Anja.
- ☐ Paul trouve que la proposition de Anja est bonne.

Situation 2 :
- ☐ Madame Horn demande à ses filles une idée pour le repas de Noël.
- ☐ Madame Horn donne à ses filles une idée pour le repas de Noël.

- ☐ Seule Lisa a une idée.
- ☐ Chacune a une idée différente.

Situation 3 :
- ☐ Jonas sait ce qu'il va acheter à Paul.
- ☐ Jonas demande conseil à son père au sujet d'un cadeau pour Paul.

- ☐ Monsieur Horn suggère d'acheter un CD.
- ☐ Monsieur Horn trouve qu'un CD n'est pas une bonne idée.

Situation 4 :
- ☐ Anika envisage d'acheter un parfum à sa mère mais hésite encore.
- ☐ Anika veut offrir un parfum à sa mère.

- ☐ Miriam fait une proposition à Anika pour son père
- ☐ Miriam demande à Anika ce qu'elle offre à son père.

Sprechsituationen Weihnachten (➤ manuel p. 61)

Noch etwas

Écoute à nouveau les dialogues et indique par la ponctuation si les phrases entendues sont des déclaratives ou interrogatives.

Dialogue 1	Dialogue 2	Dialogue 3	Dialogue 4
Paul : Ich	Frau Horn : Was	Jonas : Ich	Miriam : Was
Anja : Und	Lena : Nein	Was	Anika : Ich
		Hast	Vielleicht
			Miriam : Und
			Anika : Ein

Comment caractériserais-tu l'intonation des déclaratives ?

……………………………………………………………………………………

Et celle des interrogatives ? ……………………………………………………

Sprechsituationen Das kannst du schon! (➤ manuel p. 61)

Voici quatre dialogues qu'on peut entendre au moment de Noël, réécris-les à côté des dessins et complète-les.

a.
– Ich brauche ein Geschenk für meine Großmutter.
– …

b.
– Was essen wir zu Weihnachten?
– …

c.
– Der Tannenbaum ist zu klein. Und der da?
– …

d.
– Was schenkst du deiner Mutter zu Weihnachten?
Ein Parfum.
…
Ein Buch über Hamburg.

■ ....

....

....

....

1.

■ ....

....

....

....

2.

■ ....

....

....

....

3.

■ ....

....

....

....

4.

Hör gut zu — Geschenke (➤ manuel p. 62)

Celui qui a recopié le dialogue n'a retenu que le début des phrases. Écoute la cassette pour pouvoir les compléter.

Lena und Lisa – Jonas, hast du schon ein Geschenk für .... ?

Jonas – Nein, habt ihr .... ?

Lena und Lisa – Wir schenken Mama ....

.... und Papa ....

Jonas – Ein Buch ? Das ist .... Ein Buch von ....

.... !

Lena und Lisa – Von Stephen King ? Für .... ?

Jonas – Ja, warum nicht ? Stephen King ist doch toll ! Und für meine Mutter einen Kriminalroman

von Agatha Christie ! Danke für .... !

Musikbox — La prononciation de <u> et <ü> (➤ manuel p. 62)

Écoute les mots et ajoute soit un <u> soit un <ü>.

1. die B......tter
2. der Sch......ler
3. m......ssen
4. ich m......ss
5. die Entsch......ldigung
6. die Gr......ße
7. der H......nger
8. k......rz
9. die L......st
10. t......t
11. tsch......s
12. g......ten Tag
13. um f......nf ......hr
14. die Sch......le

Zum Dialog — Silvester (➤ manuel p. 64)

1. Pour bien commencer.
a. Indique les dates des fêtes évoquées.
b. Relie les fêtes et les activités correspondantes.

Zum Dialog

1. Weihnachten :

a. ein Feuerwerk machen

■ zu (am) ....

2. Silvester :

b. ein Fest organisieren

■ zu (am) ....

3. am Neujahr

c. einen Tannenbaum kaufen

■ zu (am) ....

2. Pour mieux écouter.
Indique si les phrases suivantes correspondent (R) ou non (F) à ce qui est dit dans le dialogue.

	Richtig	Falsch
1. Jonas invite les jumelles à un feu d'artifice pour le réveillon.	☐	☐
2. Lena est enthousiaste à l'idée d'un feu d'artifice.	☐	☐
3. Lisa veut savoir si Jonas a invité son oncle.	☐	☐
4. Les trois amis sont contents de pouvoir danser.	☐	☐
5. Les filles proposent de préparer à manger.	☐	☐

3. Pour aller plus loin.
Relie le début et la fin de chaque phrase.

1	2	3	4	5	6	7

1. Am 31. machen Jonas und sein Vater…
2. Jonas möchte Silvester…
3. Aber Lena findet…
4. Lisa hat Lust, …
5. Die drei Freunde freuen sich schon…
6. Hansens machen…
7. Die Mädchen bringen…

a. … mit seinen Freundinnen feiern.
b. … Berliner mit.
c. … Paul zu sehen.
d. … ein Feuerwerk nicht so gut.
e. … belegte Brötchen.
f. … ein großes Feuerwerk.
g. … auf das Tanzen.

Grammatik mit Taktik (1) (➤ manuel p. 66-67)

Te souviens-tu comment on forme l'impératif ? Sinon, reporte-toi au manuel page 67 !

1. Tu le demandes clairement, mais poliment !
Forme des phrases à l'impératif comme sur le modèle.

(Jonas, Brot kaufen) ➤ *Kauf bitte Brot, Jonas !*

1. (Jonas, schnell kommen) ➤ ....

2. (Jonas, einkaufen gehen) ➤ ....

3. (Jonas, die Hunde mitnehmen) ➤ ....

4. (Lisa, mir die Milch geben) ➤ ....

5. (Lisa, Kartoffelsalat essen) ➤ ....

Vérifie que tu connais bien les conjugaisons de *können, sollen, müssen* et *wissen* !

2. Que se disent Jonas et les jumelles à propos de la fête ?
Complète avec les verbes entre parenthèses.

1. Lisa : Wann .... (sollen) wir kommen ?

2. Jonas : Ihr .... (können) um 20 Uhr kommen.

3. Wann .... (müssen) ihr nach Hause ? .... (wissen) ihr es ?

4. Lisa : Das .... (wissen) ich nicht ! Aber Lena .... (wissen) es vielleicht.

5. Lena : Nein ! Und ich .... (wollen) es auch nicht wissen !

3. Domino des conjugaisons.
a. Assemble les huit dominos de façon à ce que les sujets s'accordent aux verbes : recopie-les en dessous selon le modèle. La première série représentant les dominos dont tu disposes. La deuxième est à compléter avec les dominos de la première série. Nous avons placé le premier et le dernier dominos.

	wir	sollt	ich	können	ich	weiß	du
hast		findet	du	willst	er	bin	ihr

	wir						
						hast	

b. Construis un autre jeu de dominos que tu proposeras à la classe.

Grammatik mit Taktik (2)

(➤ manuel p. 66-67)

Te souviens-tu comment on distingue le complément d'objet au datif ?
Sinon, reporte-toi au manuel page 66 !

1. Tu veux faire des cadeaux. Complète les compléments au datif dans les phrases suivantes.

1. Ich brauche ein Geschenk für meinen Vater. Kauf dein......... Vater doch ein Buch!

2. Wer hat eine Idee für meine Mutter? Kauf dein......... Mutter doch ein Parfum!

3. Ich brauche ein Geschenk für meinen Freund. Kauf dein......... Freund doch ein Videospiel!

4. Wer hat eine Idee für meine Freundin? Kauf dein......... Freundin doch einen Roman!

5. Ich brauche ein Geschenk für meine Großeltern. Kauf dein......... Großeltern doch Bonbons!

2. Qu'offres-tu ? Et à qui ?
Fais attention à bien distinguer le cadeau et le destinataire ! A quels cas sont-ils ?

Ich schenke meiner Mutter die CD.

1. ....
2. ....
3. ....
4. ....
5. ....
6. ....

■ meine Mutter	■ die CD
■ mein Opa	■ der Kriminalroman
■ mein Onkel	■ der Kaktus
■ das Baby	■ der Teddy
■ meine Schwester	■ das Parfum
■ mein Vater	■ die Tennisschuhe

Te souviens-tu comment fonctionnent les verbes à préverbes séparables ?
Sinon, reporte-toi au manuel p. 62 !

3. Réponds aux suggestions qu'on te fait en formant des phrases comme sur le modèle.

Mit Jonas einkaufen? *Gute Idee, ich kaufe mit Jonas ein!*

1. CDs für die Party mitbringen?

■ ....

2. Nach Hamburg mitkommen?

■ ....

3. Einen Film vorschlagen?

■ ....

4. Für Weihnachten einkaufen?

■ ....

5. Einen Freund mitbringen?

■ ....

Der Lesedetektiv Ein Brief (➤ manuel p. 68)

1. Cherche pour chaque énoncé français l'élément allemand qui lui correspond.

1. Le marché de Noël à Hambourg
2. Les idées de cadeaux de Franziska
   - a. pour sa sœur
   - b. pour son amie Annika
   - c. pour ses parents
3. Le début des vacances de Noël à Hambourg
4. Le repas de Noël en famille
5. Le plat traditionnel
6. La durée du séjour chez sa tante
7. Le 31 décembre

- ein T-Shirt
- am ersten Weihnachtstag
- eine Gans
- im Dezember
- einen Comic
- ein großes Fest mit einem Feuerwerk
- am 20. Dezember
- einen Kalender
- zehn Tage in Berlin

Rund um... Feste und Wünsche (➤ manuel p. 69)

Écris une carte de vœux à un(e) ami(e) en Allemagne.
Inspire-toi des formules proposées dans ton manuel!

..............................., den ....

Liebe ...., (Lieber ....,)

....

....

....

....

....

....

....

....

Deine .... (Dein ....)

....

....

....

....

Spiele

A. « Partnerspiel ». *Wer, wohin, wann* ? (Grille B)

1. Remplis la ligne te concernant (*ich*).

2. Pose des questions à ton (ta) camarade. La grille A se trouve p. 31. Il (elle) a les renseignements qui te manquent. Réponds toujours à ses questions par des phrases entières.

Wer?	Was möchte er/sie machen?	Wohin geht er/sie?	Wann geht er/sie hin?	Geht er/sie allein hin?
Jonas	■	■	■	■ ....
Julia	■ im Internet surfen	■ ins Cybercafé	■ um 4	■ Nein, mit ihren Freunden
Frau Horn	■ Weihnachts-geschenke kaufen	■ auf den Weihnachtsmarkt	■ am Nachmittag	■ Nein, mit Lena
Paul	■	■	■	■ ....
Mein Partner	■	■	■	■ ....
Ich	■	■	■	■ ....

B. « Ein Spiel » : C'est Noël mais c'est la grève des voyelles !

1. W▲◆hn✪cht▲n ■ ....
2. W▲◆hn✪chtsm✪rkt ■ ....
3. T✪nn▲nb✪✳m ■ ....
4. sch▲nk▲n ■ ....
5. f▲◆▲rn ■ ....
6. N▲✳j✪hr ■ ....
7. F▲✳▲rw▲rk ■ ....
8. S◆lv▲st▲r ■ ....
9. F▲st ■ ....
10. t✪nz▲n ■ ....

Teste dich (1)

Revois d'abord la leçon 4 si tu veux faire un bon score ! Comment peux-tu dire pour... ?

1. proposer à un ami de faire quelque chose, par exemple d'acheter un cadeau pour Lisa. (2 possibilités)

....

....

....

2. demander à un ami ce qu'il offre à son père/ à sa mère pour Noël.

....

....

3. dire qu'il te faut un cadeau pour un(e) ami(e).

....

4. demander conseil au sujet de ce cadeau parce que tu ne sais pas quoi choisir.

....

5. parler avec quelqu'un du menu d'un repas.

....

....

6. dire que tu vas faire une fête le ... (précise la date et l'heure).

....

....

7. y inviter ton / tes ami(s).

....

8. demander si ton ami veut que tu apportes quelque chose à boire / à manger.

....

9. refuser une invitation car tu es déjà pris(e).

....

10. dire que tu es content à l'idée de faire quelque chose.

....

....

11. dire que quelque chose ne te plaît pas tellement (par exemple une grande fête).

....

12. souhaiter un joyeux Noël et une bonne année.

....

score /12

Teste dich (2) Auto-évaluation

1. Quel titre correspond à quel dialogue enregistré ?

a. Das Geschenk
b. Klamotten
c. Etwas zu essen
d. Das Treffen

1	2	3	4

2. Entoure les informations que tu repères dans chacun des quatre dialogues.

	Dialog 1	Dialog 2	Dialog 3	Dialog 4
a	Nudeln	toll	Weihnachten	zu Weihnachten
b	Kartoffel	zu lang	Silvester	am Mittwoch
c	Tomate	zu kurz	Ostern	Montag
d	Reis	gerne	Geburtstag	um halb sechs

Wörter...

Voici une liste d'objets. Que peux-tu en faire ? Réponds aux questions en utilisant les mots de la liste.

- eine Cola
- eine Gans
- einen Orangensaft
- eine CD
- ein Buch
- einen Salat
- ein Eis
- einen Karpfen
- einen Film
- Mineralwasser
- Brot
- ein Parfum

1. Was kannst du schenken? ....

....

2. Was kannst du essen? ....

....

3. Was kannst du trinken? ....

....

4. Was kannst du sehen? ....

....

Klassenfahrt Etappe 2 : In der Jugendherberge (➤ manuel p. 72-73)

1. Tu inscris ta classe pour un séjour à l'auberge de jeunesse « Auf dem Stintfang » à Hambourg. Remplis le formulaire ci-dessous.

Reisetermin	von ☐ bis ☐
oder Ersatztemin	von ☐ bis ☐
Gruppe/Einzelgast	☐ Familie ☐ Einzelgast/-gäste (1-5 Personen) ☐ Schulklasse ☐ Sportgruppe ☐ Seminar ☐ Musikgruppe ☐ sonstige Gruppe
Anzahl der Gruppenteilnehmer	☐ ☐ davon weiblich ☐ davon männlich
Anzahl der Leiter	☐ ☐ davon weiblich ☐ davon männlich
Anzahl der Personen gesamt	☐
Alter/Klassenstufe	☐
Schule/Organisation	
Name, Vorname	
Adresse	
Straße, Hausnummer	
PLZ, Ort	
Telefon	
Telefax	
E-Mail	

2. Calcule le prix de votre séjour à l'auberge selon les indications données dans le manuel.

Wir sind .... in der Gruppe. Wir bleiben .... Nächte.

.... Lehrer(innen) fahren mit.

Das macht also .... mal .... für die Schüler(innen) und

.... mal .... für die Lehrerinnen. Der Aufenthalt (le séjour) kostet also

insgesamt ....

3. Calcule combien de chambres il vous faut.

Wir brauchen :

.... 4-Bettzimmer

.... 6-Bettzimmer

.... 8-Bettzimmer

.... Einzelzimmer für die Lehrer(innen)

5 Was magst du ?

Start 1 (➤ manuel p. 77)

Dans quel ordre entends-tu les dialogues ?

a.	b.	c.	d.

Start 2 (➤ manuel p. 77)

Situation 1 :

Lena

☐ dit qu'elle aime faire du cheval.
☐ dit qu'elle voudrait faire du cheval.

Imke

☐ aime aussi faire du cheval.
☐ préfère un autre sport.

Situation 2 :

Lukas

☐ dit quelle musique il aime.
☐ dit quelle musique il déteste.

Kevin

☐ a horreur du rap.
☐ préfère le rap.

Situation 3 :

Paul

☐ joue très bien.
☐ fait beaucoup de fausses notes.

Anja

☐ demande à Paul d'arrêter de jouer.
☐ admire sa manière de jouer.

Situation 4 :

Jonas

☐ dit qu'il aime les chiens.
☐ demande à Jessica si elle aime les chiens.

Jessica

☐ ne s'intéresse pas aux animaux domestiques.
☐ dit quel animal elle préfère.

Sprechsituationen Das mag ich, und was magst du ? (➤ manuel p. 79)

Noch etwas

Écoute à nouveau les dialogues ; tu vas entendre les mots de la liste ci-dessous. Certains sont transparents, d'autres sont connus, deux ressemblent à l'anglais. Réécris-les dans l'ordre où ils apparaissent.

Katzen	1. ....
Hunde	2. ....
Klavier	3. ....
Rap	4. ....
reiten	5. ....
Techno-Musik	6. ....
Volleyball	7. ....

Sprechsituationen

Das kannst du schon! (➤ manuel p. 79)

Les répliques des trois dialogues suivants ont été mélangées : retrouve pour chacun la réplique qui lui correspond.

1	2	3

2. « Ich spiele gern Volleyball, du auch? »

1. « Popmusik gefällt mir, und dir? »

c. « Ich reite lieber. »

3. « Magst du Katzen? »

a. « Nein, ich mag Hunde. »

b. « Ich finde HipHop besser. »

Hör gut zu

🎧 Fußball oder klassische Musik? (➤manuel p. 80)

Les verbes du dialogue ont disparu. Écoute bien la cassette, puis écris-les.

Jonas – Hallo, Paul! Was .... du da?

Paul – Ich .... Beethoven. Er .... mein Lieblingskomponist. .... dir die Musik?

Jonas – Na ja ... Ich .... Techno besser. Klassische Musik

.... mich nicht.

Paul – Aha. Und was .... dich?

Jonas – Na, Fußball, natürlich!

Paul – Ich .... auch gern Fußball. .... wir?

Jonas – Ja, super!

Musikbox

🎧 La voyelle <i> (➤ manuel p. 80)

Dans les mots suivants, la voyelle <i> est-elle longue ou brève? Coche la bonne réponse.

	la voyelle <i> longue	la voyelle <i> brève
1. bist		
2. ich		
3. viel		
4. finden		
5. mit		
6. Lieblingsklamotten		
7. wie		
8. mir		
9. bitte		
10. wieder		
11. Kino		
12. Geschichte		
13. Brief		
14. prima		

Zum Dialog
Das Lieblingsfach (➤ manuel p. 82)

1. Pour bien commencer.
Relie les éléments numérotés à la discipline concernée.

1. *Le Petit Prince* de Saint-Exupéry ■	■ **a.** Englisch
2. Kaiser Karl der Große ■	■ **b.** Französisch
3. Die Nordsee ■	■ **c.** Erdkunde
4. Oh, it's really easy! ■	■ **d.** Geschichte
5. Ein Musiker : Beethoven ■	■ **e.** Informatik
6. Ein Künstler : Picasso ■	■ **f.** Kunst
7. Computer und Internet ■	■ **g.** Musik

2. Pour mieux écouter.
Repère ce que disent Jonas, Lena et Lisa sur certaines matières :

	Lena	Lisa	Jonas
1. Was finden sie schwer?	■	■	■ ....
2. Was finden sie langweilig?	■	■	■ ....
3. Was finden sie interessant?	■	■	■ ....
4. Was ist ihr Lieblingsfach?	■	■	■ ....

3. Pour aller plus loin.
Relis le dialogue, puis relie par des flèches les réponses aux questions.

1. Mag Jonas Französisch? ■	■ **a.** Interessant, weil er Informatiker werden will.
2. Wie findet er Mathe? ■	■ **b.** Kunst, weil sie gern zeichnet.
3. Was mag Lena am liebsten? ■	■ **c.** Deutsch, weil der Deutschlehrer ihr gefällt.
4. Was ist Lisas Lieblingsfach? ■	■ **d.** Nein, weil er Geschichte langweilig findet.
5. Mag Jonas Geschichte? ■	■ **e.** Nein, weil es schwer ist.

Grammatik mit Taktik (1) (➤ manuel p. 84-85)

Te souviens-tu comment on peut exprimer ses goûts ou ses préférences ? Sinon, reporte-toi au manuel page 80, *Einblick in die Sprache*.

1. Lena et Franziska ont pris des notes en style télégraphique sur les loisirs des élèves de leur classe. Aide-les à reformuler les phrases entières selon les exemples.

Constantin (❤ Tennis spielen) ➤ *Constantin spielt gern Tennis.*

Lena (❤ Rap gut finden) ➤ *Lena findet Rap gut.*

1. Lisa (❤ Sport treiben)

....

2. Alexander (❤ Basketball spielen)

....

3. Miriam (❤ Hits gut finden)

....

4. Jonas (❤ Fußball spielen)

....

2. Dire ce qu'on préfère

Constantin spielt gern Tennis, aber er (❤ Volleyball spielen)

➤ *Constantin spielt gern Tennis, aber er spielt lieber Volleyball.*

Lena findet Rap gut, aber sie (❤ Rockmusik gut finden)

➤ *Lena findet Rap gut, aber sie findet Rockmusik besser.*

1. Lisa treibt gern Sport, aber sie (❤ ins Kino gehen)

....

2. Alexander spielt gern Basketball, aber er (❤ Tennis spielen)

....

3. Miriam findet Hits gut, aber sie (❤ Techno finden)

....

4. Jonas spielt gern Fußball, aber er (❤ Computerspiele machen)

....

Grammatik mit Taktik (2)

(➤ manuel p. 84-85)

Entraîne-toi à conjuguer ! Si tu as des hésitations, reporte-toi au précis pages 181 et 182 du manuel.

1. Hannes est très vantard. Conjugue les verbes entre parenthèses et tu sauras ce qu'il dit à Jonas.

Hannes : « Ich .... (*können*) sehr gut Tennis spielen, aber ich .... (*spielen*) noch besser Golf. Und du, Jonas .... (*können*) du auch Tennis und Golf spielen ?

Jonas : Nein, Golf .... (*gefallen*) mir nicht und Tennis.. (*interessieren*) mich auch nicht. Ich.. (*gern spielen*) Fußball und ich .... (*auch gern Videospiele machen*).

Te souviens-tu comment former les pronoms personnels au nominatif et à l'accusatif ? Sinon, reporte-toi à la page 84 de ton manuel.

2. Tu es au marché aux puces et beaucoup de choses te font envie. Complète par les pronoms personnels qui conviennent en faisant attention à leur fonction, selon l'exemple :

Gefällt dir **das Skate-Board ?** ➤ *Ja,* ***es*** *gefällt mir. Ich kaufe* ***es*** *!*
(**sujet**) (**COD**)

1. Gefällt dir das Buch ? Ja, ... gefällt mir. Ich kaufe ....
2. Gefällt dir die CD ? Ja, ... gefällt mir. Ich kaufe ....
3. Gefällt dir der Fotoapparat ? Ja, ... gefällt mir. Ich kaufe ....
4. Gefallen dir die Inline-Skates ? Ja, ... gefallen mir. Ich kaufe ....

Te souviens-tu comment on emploie « weil » ? Sinon, reporte-toi à la page 84 du manuel.

3. On te demande de te justifier. Donne des explications à l'aide de *weil*. N'oublie pas la place du verbe !

Warum willst du in die Stadt gehen ? (Ich will ins Kino gehen.) ➤ *Weil ich ins Kino gehen will.*

1. Warum kannst du nicht mitkommen ? (Ich muss mit Mutti einkaufen.)

....

2. Warum willst du ins Kino ? (Ich will den neuen Film von Luc Besson sehen.)

....

3. Warum willst du nicht mit auf den Weihnachtsmarkt ? (Es ist zu kalt.)

....

4. Warum willst du ins Cybercafé ? (Ich möchte im Internet surfen.)

....

Der Lesedetektiv Langeweile (➤ manuel p. 86)

1. Richtig oder falsch ? Coche la case correspondante.

	Richtig	Falsch
1. La fille demande un conseil à son père.	☐	☐
2. Elle joue avec son amie.	☐	☐
3. Le père ne comprend pas pourquoi sa fille amène Katrin à la maison.	☐	☐
4. La fille dit que Katrin est sa meilleure amie.	☐	☐
5. Pour bien s'ennuyer à deux, la meilleure, c'est Katrin !	☐	☐

Rund um... die Hobbys (➤ manuel p. 87)

Voici ce que tu peux faire à Hambourg. Trouve les activités et lieux de loisirs proposés.

■ Bootsvermietung ■ Eisbahnen ■ Hallenbäder und Baden im Freien ■ Museen ■ Grillplätze ■ Parks ■ Zoo

1.  ■ ....

2.  ■ ....

3.  ■ ....

4.  ■ ....

5.  ■ ....

6.  ■ ....

7.  ■ ....

Spiele

A. Partnerspiel. *Wer ist das?*
Tu choisis un élève de la classe de Jonas. Tes camarades vont te poser des questions pour deviner de qui il s'agit, mais tu n'as le droit de répondre que par « ja » ou « nein ».
Ils peuvent par exemple poser comme questions :

– Ist es ein Junge? ein Mädchen? – Ist er/sie 14?
– Hat er/sie einen Hund/eine Katze? – Spielt er/sie gern Volleyball?/Fußball, usw…

Jessica, 13
- Miniröcke
- Katzen

Jonas, 13
- Fußball
- Jeans
- Zwei Hunde

Lisa, 14
- Tanzt gern
- Miniröcke

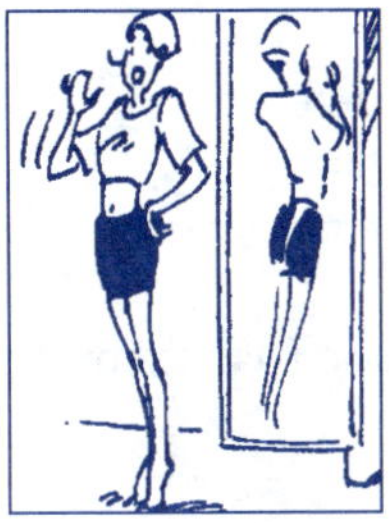

Sebastian, 14
- Basketball
- Hund

Imke, 13
- Volleyball

Kevin, 13
- Rap

Lukas, 15
- Techno

Lena, 14
- reitet gern
- spielt am Computer

B. Mein Stundenplan. Reporte ici ton emploi du temps, en allemand.

Mein Stundenplan						
	Montag	....	....	....	....	....
....	....	....	....	....	....	....
....	....	....	....	....	....	....
....	....	....	....	....	....	....
....	....	....	....	....	....	....
....	....	....	....	....	....	....
....	....	....	....	....	....	....
....	....	....	....	....	....	....
....	....	....	....	....	....	....

Revois d'abord la leçon 5 si tu veux faire un bon score !
Comment peux-tu dire pour... ?

1. dire que tu aimes un style de musique (plusieurs possibilités).

....

2. dire que tu aimes un sport et que tu le pratiques (par exemple l'équitation). ....

....

3. dire que tu préfères un autre sport (par exemple le basket).

....

4. dire quelle est ton activité préférée.

....

5. dire qu'une matière t'intéresse (par exemple la biologie).

....

6. dire qu'une matière est ta matière préférée.

....

7. dire qu'une matière ne t'intéresse pas/ne te plaît pas parce que tu la trouves difficile/ennuyeuse.

....

8. demander à qqn ce qu'il aime/ce qui lui plaît.

....

9. demander à qqn quelle est son activité favorite (*das Hobby*).

....

10. exprimer ton admiration car quelqu'un sait vraiment bien faire quelque chose.
(par exemple faire du roller).

....

11. demander un conseil (par exemple : « Dois-je venir ? »).

....

12. indiquer une nécessité (par exemple : « Il faut que je parte. »).

....

score /12

Teste dich (2) — Auto-évaluation

1. Dans quel dialogue parle-t-on de matières scolaires ?

1	2	3	4

2. Dans quel dialogue parle-t-on de loisirs ?

1	2	3	4

3. Dans quel dialogue parle-t-on de cinéma, concert et discothèque ?

1	2	3	4

4. Écoute les quatre dialogues. Quelles sont les activités préférées de ceux qui parlent ? Complète le tableau (☺ ou ☹).

	A_1	B_1	C_1	A_2	B_2	A_3	B_3	C_3	A_4	B_4
1. Comics lesen										
2. Musik										
3. Klarinette spielen										
4. Computer										
5. Internet										
6. chatten										
7. Chats										
8. Computerspiele										
9. Physik										
10. Biologie										
11. Kunst										
12. Filme										
13. Disko										
14. Konzert										

Wörter...

Complète les phrases suivantes en utilisant les expressions proposées.

▪ kannst ▪ gefällt ▪ Hunde ▪ Rap ▪ mögen ▪ mögt ▪ finde

1. Ich .... toll.

2. .... du auch .... ?

3. Mir .... besser.

4. Wir .... lieber ....

5. Er .... wirklich gut!

Elisabeth d'Autriche est surtout connue sous le nom de Sissi. Contrairement à l'image véhiculée par le film allemand du même nom, l'impératrice d'Autriche et la reine de Hongrie était d'un caractère excentrique et ombragé. Après une enfance assez libre et gaie en Bavière, elle a beaucoup de mal à supporter la rigueur de la cour autrichienne où elle subit les contraintes de sa position en tant qu'épouse de l'empereur d'Autriche, Franz-Joseph I.
Après le suicide de son fils Rudolf, Elisabeth passera sa vie à voyager, à la recherche d'une quiétude qu'elle ne trouvera pas. En 1898, elle succombe à Genève aux coups de poignard d'un anarchiste italien.

Relis la B.D. de Sissi dans ton manuel, pages 90 et 91, et coche la bonne réponse.

1. À propos de la famille de Sissi…

☐ **a.** Sie hat drei Brüder und Schwestern.
☐ **b.** Sie hat fünf Geschwister.
☐ **c.** Sie hat sieben Brüder und Schwestern.

2. À propos des centres d'intérêt de la jeune fille…

☐ **a.** Sie liest gern Romane.
☐ **b.** Sie mag Tiere.
☐ **c.** Sie spielt Trompete.

3. À propos de sa première rencontre avec Franz-Joseph…

☐ **a.** Sissi ist dreizehn.
☐ **b.** Sie ist fünfzehn.
☐ **c.** Sie ist siebzehn.

4. À propos de Sissi et de sa belle-famille…

☐ **a.** Sissi mag ihre Schwiegermutter sehr.
☐ **b.** Sie liebt ihre Schwiegermutter.
☐ **c.** Sie hat Probleme mit ihrer Schwiegermutter.

5. À propos des enfants d'Elisabeth…

☐ **a.** Sie hat zwei Töchter und einen Sohn.
☐ **b.** Sie hat drei Mädchen.
☐ **c.** Sie hat zwei Söhne und eine Tochter.

6. À propos de sa popularité…

☐ **a.** Die Österreicher und Ungarn mögen Elisabeth sehr.
☐ **b.** Niemand mag die depressive Elisabeth.
☐ **c.** Ganz Europa liebt Elisabeth.

7. À propos de la perte d'un être cher…

☐ **a.** Sissi verliert ihren Mann.
☐ **b.** Sie verliert ihren Sohn.
☐ **c.** Sie verliert eine Tochter.

8. À propos de la mort d'Elisabeth…

☐ **a.** Elisabeth stirbt in Bayern.
☐ **b.** Sie stirbt in Österreich.
☐ **c.** Sie stirbt in der Schweiz.

Und du hilfst mir...

6

Start 1 (➤ manuel p.93)

Dans cette scène de déménagement,

a. quelqu'un veut aider,

b. quelqu'un est épuisé,

c. quelqu'un en a assez,

d. quelqu'un essaie de donner un conseil.

Dans quel ordre as-tu entendu les dialogues ?

a.	b.	c.	d.

Start 2 (➤ manuel p.93)

Écoute les dialogues et coche la phrase qui correspond à la situation.

Situation 1 :

Michael

☐ propose de demander de l'aide.
☐ propose d'aider.

Jessica

☐ accepte sa proposition.
☐ refuse sa proposition.

Situation 2 :

Jonas

☐ conseille à Lisa de se faire aider par Paul.
☐ conseille à Lisa de donner le téléviseur à Paul.

Lisa

☐ le remercie pour son conseil.
☐ préfère s'en sortir toute seule.

Situation 3 :

Paul

☐ espère que c'est bientôt terminé.
☐ trouve que le temps passe trop vite.

Situation 4 :

Oma Horn

☐ n'en peut plus et veut partir.
☐ n'en peut plus et veut se reposer.

Lena

☐ l'encourage à se reposer.
☐ accepte de l'accompagner.

Sprechsituationen Brauchst du Hilfe ? (➤ manuel p. 95)

Noch etwas

Réécoute les dialogues et identifie les syllabes accentuées dans les phrases. Signale chaque accentuation par un accent au-dessus de la syllabe.

Soll ich euch helfen ?

Der Schrank ist wirklich zu schwer !

Trag den Fernseher lieber mit Paul !

Ich schaffe das allein !

Ruh dich aus !

Es tut mir Leid, aber ich kann nicht mehr !

Sprechsituationen

Das kannst du schon! (➤ manuel p. 95)

Voici quatre situations. Choisis dans le réservoir ci-dessous la (ou les) phrase(s) correspondant à chaque situation puis écris-la (les).

a.
– Soll ich euch helfen?

b.
– Es tut mir Leid, aber ich kann nicht mehr!

c.
– Nein, das schaffen wir schon.

d.
– Ich möchte kurz Pause machen.

e.
– Ich frage mich, ob das noch lange dauert.

f.
– Trag den Fernseher lieber nicht allein.

■ ....

....

1.

■ ....

....

2.

■ ....

....

3.

■ ....

....

4.

Hör gut zu

Eine Woche allein (➤ manuel p. 96)

**Les expressions ci-dessous sont très courantes.
Qui les emploie dans le dialogue, Jonas ou Herr Hansen ?**

Jonas ▪

Herr Hansen ▪

- ▪ Ich habe ein Problem.
- ▪ Was ist los?
- ▪ Na, und?
- ▪ Das schaffe ich schon.
- ▪ Ich protestiere.

Musikbox

Les deux façons de prononcer <ch> (➤ manuel p. 96)

Lis les mots suivants. Dans lesquels les lettres <ch> se prononcent-elles comme une consonne formée très en arrière de la gorge ? Coche les mots de la liste.

	<ch> formé très en arrière de la gorge
1. wirklich	
2. Geschichte	
3. Techno	
4. zeichnen	
5. machen	
6. Weihnachten	
7. eigentlich	
8. Johann Sebastian Bach	
9. vielleicht	
10. sich	
11. brauchen	
12. unmöglich	
13. Fach	
13. möchte	

Zum Dialog

Umzug oder Kino? (➤ manuel p. 98)

1. Pour bien commencer.

- beim Umzug helfen
- ins Café gehen
- Musik hören
- ins Kino gehen
- joggen
- Musik spielen
- Oma helfen
- Möbel tragen

a. Quelles sont, parmi les activités citées dans le réservoir, celles qui te plaisent ?

.... finde ich toll.

b. Quelles sont celles que tu trouves horribles ?

.... finde ich schrecklich.

2. Pour mieux écouter.
De qui s'agit-il, Paul, Herr Hansen ou Oma Horn ?
Complète les phrases par le nom qui convient.

1. .... wollte ins Kino gehen.
2. .... hat angerufen.
3. .... hat Oma Horn geholfen.
4. .... findet, der Umzug war schrecklich.
5. .... fragt, wie das Kino war.
6. .... ist im Kino eingeschlafen.

3. Pour aller plus loin.
Les affirmations suivantes sont-elles vraies (richtig) ou fausses (falsch) ?
Recherche dans le dialogue les passages te permettant de justifier ta réponse.

	Richtig	Falsch
1. Paul hatte tolle Pläne für gestern.	☐	☐
2. Aber Oma Horn wollte ins Kino mitkommen.	☐	☐
3. Natürlich konnte Paul nicht « nein » sagen.	☐	☐
4. Paul hatte keine Lust.	☐	☐
5. Im Kino hat Paul den Film leider nicht gesehen.	☐	☐

Grammatik mit Taktik (1) (➤ manuel p. 100-101)

Te rappelles-tu comment on forme la négation ? Sinon, reporte-toi à la page 100 de ton manuel.

1. Tu dis non ! Suivant le genre et la fonction du GN, choisis entre *kein*, *keinen* ou *keine* pour répondre aux questions.

*Möchtest du ein Stück Kuchen ? ➤ Nein, ich möchte **kein** Stück Kuchen.*

1. Hast du Geschwister (pluriel) ? ➤ Nein, ...

2. Hast du einen Onkel ? ➤ Nein, ...

3. Hast du eine Katze ? ➤ Nein, ...

4. Willst du Kartoffelsalat (der) ? ➤ Nein, ...

2. Jan veut donner une certaine image de lui, mais est-ce la vérité ? Corrige ses affirmations en utilisant la négation *nicht*.

Jan sagt : « Ich will Musiker werden ». ➤ Aber er will nicht Musiker werden.

1. Klassische Musik ist meine Lieblingsmusik. ➤ ....

2. Ich gehe oft ins Konzert. ➤ ....

3. Ich spiele gut Klavier. ➤ ....

3. Tu as aujourd'hui l'esprit de contradiction ! Réponds par la négative, mais attention au choix entre *kein* et *nicht* et à la place de *nicht* ! Pense aussi à la déclinaison de *kein*.

« Möchtest du das Buch über Hamburg lesen ? » ➤ « Nein, ich möchte das Buch über Hamburg nicht lesen. »

« Habt ihr Zeit, Oma zu helfen ? » ➤ « Nein, wir haben keine Zeit. »

1. Hast du eine Katze ?

➤ Nein, ...

2. Willst du mit mir einkaufen gehen ?

➤ Nein, ...

3. Möchtest du den Film von Woody Allen sehen ?

➤ Nein, ...

4. Hast du Zeit, Tennis zu spielen ?

➤ Nein, ...

Grammatik mit Taktik (2) (➤ manuel p. 100-101)

Pour raconter un événement du passé, on utilise en allemand le parfait et le prétérit, mais te souviens-tu comment on choisit l'un ou l'autre ? Sinon, consulte ton manuel page 101.

1. Lisa et Lena, avez-vous tout fait ?
Mets les verbes au parfait. Attention, les verbes sont forts.

Ihr wolltet Jonas treffen. ➤ *Wir haben Jonas getroffen.*

1. Ihr wolltet Oma anrufen. ➤ ....
2. Ihr wolltet den neuen Film von Spielberg sehen. ➤ ....
3. Ihr wolltet Peter helfen. ➤ ....
4. Ihr wolltet mit Jonas einen Brief nach Frankreich schreiben. ➤ ....

2. Tu as fait tout ce dont tu avais été chargé.
Mets les verbes de la liste au parfait comme dans l'exemple. Ils sont tous faibles, mais attention, certains sont à préverbe séparable.

für Mutti einkaufen ➤ *Ich habe für Mutti eingekauft.*

1. ....
2. ....
3. ....
4. ....

- die Fotos holen
- den Hund spazierenführen
- den Englischtest vorbereiten
- Tante Ingrid abholen

3. Lena raconte dans son journal intime le déménagement de sa grand-mère.
Mets les verbes entre parenthèses au temps voulu (parfait ou prétérit).

1. Gestern .... wir Oma beim Umzug .... (*helfen*).
2. Alles .... sehr gut .... (*klappen*).
3. Zum Glück .... Paul auch mithelfen .... (*können*).
4. Eigentlich .... er mit Anja joggen .... (*wollen*).
5. Das .... total nett von ihm .... (*sein*) !
6. Am Abend .... wir alle müde .... (*sein*) !
7. Lisa und ich .... um halb acht .... (*einschlafen*) !

Der Lesedetektiv Kleinanzeigen (➤ manuel p. 102)

Ouvre ton manuel page 102. Relis les annonces. Dans lesquelles les informations suivantes te sont-elles données ? Coche les cases correspondantes.

	1	2	3	4	a	b	c	d
1. Des cours particuliers en allemand et en mathématiques								
2. Faire des courses								
3. Du bricolage, des réparations								
4. Distribuer des journaux								
5. Faire du baby-sitting								
6. S'occuper d'un animal								
7. Faire du jardinage								
8. Des tarifs pour les services demandés ou rendus								
9. Une date ou une heure								
10. Un âge								
11. Un numéro de téléphone								
12. Une adresse								

Rund um... das Haus (➤ manuel p. 103)

1. Réponds aux questions à l'aide de la liste proposée. Il y a parfois plusieurs réponses possibles.

1. Wo esst ihr?

■ ....

2. Wo machst du deine Hausaufgaben?

■ ....

3. Wo steht der Fernseher?

■ ....

4. Wo duschst du?

■ ....

a. im Schlafzimmer
b. im Badezimmer
c. im Esszimmer
d. im Wohnzimmer
e. in der Küche

2. Souligne le nom des meubles sur lesquels on peut s'asseoir.

1. das Sofa **2.** der Schrank **3.** die Lampe **4.** der Tisch

5. der Stuhl **6.** das Regal **7.** das Bett **8.** die Hi-Fi Anlage

Spiele

1. « Buchstabensalat ». Retrouve les matières étudiées en classe.

A T T A H M E K I M

■ ....

T E E G H S C C H I

■ ....

T E U S C D H

■ ....

E D D R U K N E

■ ....

K N F A I R O M T I

■ ....

I Z A S H F Ö C S R N

■ ....

G H I L C N E S

■ ....

2. « Pfeilrätsel ». Trouve les mots allemands correspondant aux mots anglais comme dans la rubrique « Cousin, Kusine... », puis écris-les dans le sens des flèches. Tu obtiendras verticalement un mot de treize lettres.

■ swim → □□□□□□□□□

□□□□□ ← ■ both

■ friend → □□□□□□

□□□□□□ ← ■ alone

■ bread → □□□□

□□□□□ ← ■ father

■ milk → □□□□□

□□□□□ ← ■ week

■ cat → □□□□□

□□□□□ ← ■ fish

■ better → □□□□□□

□□□□ ← ■ bed

■ door → □□□

■ ....

Teste dich (1) Auto-évaluation

Pour faire un bon score, commence par revoir la leçon 6.
Comment peux-tu dire pour :

1. proposer ton aide à quelqu'un.

....

2. demander de l'aide à quelqu'un.

....

....

3. conseiller à quelqu'un de se faire aider.

....

4. dire que tu es sûr(e) de réussir quelque chose.

....

5. dire que tu es épuisé(e).

....

6. dire que tu es désolé(e).

....

7. dire que tu voudrais quelque chose (par exemple de la glace).

....

8. dire que tu ne voudrais pas autre chose (par exemple du gâteau).

....

9. dire que tu avais un projet (par exemple aller en ville)…

....

10. mais dire que cela n'a pas marché, et en donner les raisons.

....

11. décrire ta chambre.

....

12. parler de ta maison / de ton appartement.

....

score / 12

Teste dich (2) Auto-évaluation

1. Choisis un titre correspondant à chaque dialogue.
(Attention, deux titres ne correspondent à aucun des quatre dialogues.)

a. Ein schweres Fach
b. Gestern war ein harter Tag
c. Sportunterricht
d. Sportklamotten
e. Der Schrank
f. Die Hilfe

1	2	3	4

2. Dans quel dialogue entends-tu ceci ?
Coche la bonne réponse.

	Dialog 1	Dialog 2	Dialog 3	Dialog 4
1. Une personne fatiguée refuse d'abord l'aide qu'on lui demande.				
2. Quelqu'un est à la recherche de ses affaires.				
3. Une personne doit se reposer parce qu'elle a fait un déménagement.				
4. Une personne apportera l'aide qu'on lui a demandé deux fois.				
5. Quelqu'un ne comprend pas ses devoirs scolaires.				
6. Une personne a envie de courir.				

Wörter...

1. Reconstitue les verbes à l'infinitif en utilisant toutes ces syllabes et complète les phrases avec leur forme conjuguée.

■ zeich ■ ru ■ tra ■ fal ■ ge ■ len ■ aus ■ spie ■ len ■ nen ■ hen ■ ern ■ gen ■ dau

1. Ich bin ganz k.o. Ich möchte mich jetzt ....

2. Der Film ist wirklich langweilig! .... er noch lange?

3. Mir ....er aber gut.

4. Der Architekt .... den Plan für das Haus.

5. Dieser Tisch ist sehr schwer. Du kannst ihn nicht allein ....!

6. Kann ich heute Nachmittag Tennis ....?

1. Entraine-toi à utiliser les expressions du « Spickzettel » page 106 de ton manuel.

Tu viens de visiter une exposition au Louvre, à Paris, et un touriste allemand te demande comment aller :

a. au Trocadéro

b. à la place de la Concorde

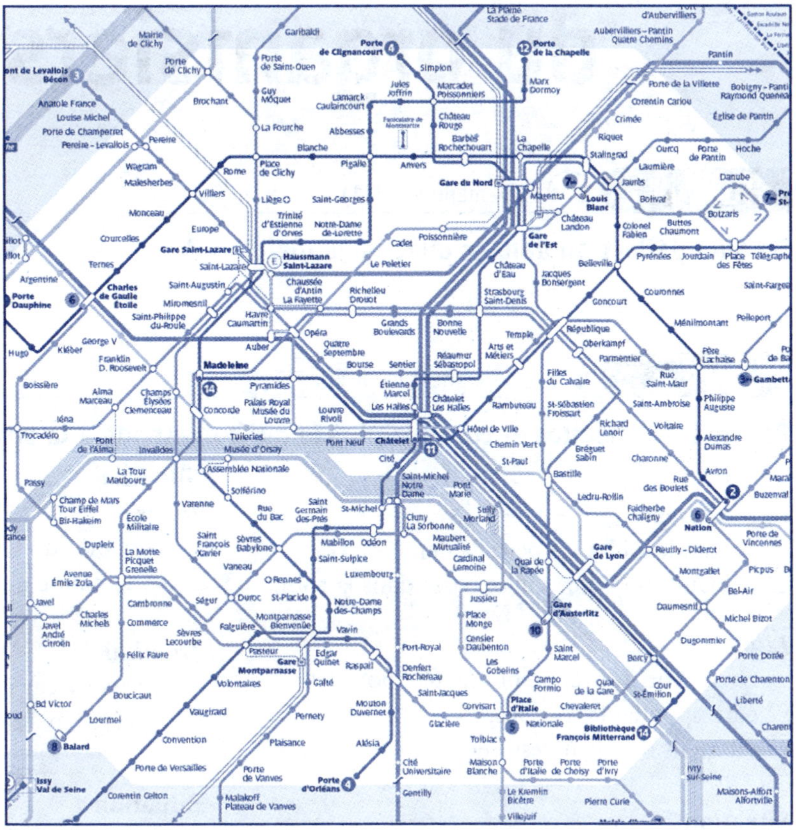

Tu lui indiques le chemin :

a. Trocadéro

Sie fahren mit der Métro bis « Étoile ». *An der Station* « Étoile » *steigen Sie um und fahren mit der Linie 6 bis* « Trocadéro ».

b. Place de la Concorde

Das ist nicht weit. Sie können zu Fuß gehen.

Voici d'autres destinations demandées : ▪ Invalides ▪ Arc de Triomphe ▪ Notre Dame

Repère-les sur le plan et indique le chemin.

2. Il est aussi parfois utile de pouvoir donner des précisions grâce à *links, rechts* et *geradeaus*. Reprends le plan de Hambourg de la première étape page 36 de ton manuel.

Vous venez de terminer un tour en bateau sur la Außenalster. Vous êtes à « Jungfernstieg » et vous avez quartier libre pour explorer le centre ville à pied.

Un groupe veut faire du shopping dans la « Spitaler Straße ». Tu leur indiques le chemin. Deux parcours sont possibles.

1. Ihr geht **links** Jungfernstieg und dann **geradeaus** Bergstraße. Dann **links** Mönckebergstraße bis Gerhard Hauptmann Platz. Da beginnt die Spitaler Straße.

2. Ihr geht **links** Jungfernstieg und dann **links** Ballindamm. Dann **rechts** Brandsende und **geradeaus** Kurze Mühren bis Spitaler Straße.

Donne la traduction de ces trois mots.

links .... rechts .... geradeaus ....

À toi maintenant de choisir d'autres trajets et d'en indiquer le chemin.

3. Tu peux aussi prendre un plan de ta ville en choisissant toi-même le point de départ et la destination, comme si tu expliquais le chemin à ton correspondant allemand venu en visite.

7 Ich plane, du organisierst...

Start 1 (➤ manuel p.111)

De quoi parle-t-on dans le quatrième dialogue ?

....

Start 2 (➤ manuel p.111)

Écoute les dialogues et coche la phrase qui correspond à la situation.

Situation 1

Le professeur

☐ demande à Lisa s'il peut l'aider.
☐ demande à Lisa ce qui se passe dans la cour.

Lisa

☐ répond qu'ils préparent une fête pour les correspondants français.
☐ dit qu'ils ont bien besoin d'aide pour la fête.

Situation 2

Lukas

☐ se renseigne sur l'heure d'arrivée des correspondants.
☐ demande à quelle heure commence la fête.

Malika

☐ ne sait pas.
☐ lui donne un renseignement précis.

Situation 3

Jonas

☐ se réjouit du temps qu'il fait.
☐ se demande que faire s'il pleut.

Dominik

☐ le rassure car il a entendu le bulletin météo.
☐ a prévu un autre lieu s'il pleut.

Situation 4

Lena

☐ explique le déroulement de la fête à ses camarades.
☐ se renseigne sur le déroulement de la fête.

Et la tombola ?

☐ Imke l'envisage à la fin de la soirée.
☐ Imke se demande quand la faire.

Sprechsituationen Vorbereiten und organisieren (➤ manuel p. 113)

Noch etwas

Réécoute les dialogues et repère les expressions qui permettent de situer un événement dans le temps. Complète les phrases concernées.

Situation 2

Lukas : .... kommen sie eigentlich an?

Malika : Der Zug kommt .... an.

Situation 4

Lena : .... grillen wir Würstchen und .... tanzen wir.

Anne : Und die Tombola?

Imke : Die machen wir ....

Sprechsituationen Das kannst du schon! (➤ manuel p. 112-113)

Voici quatre situations. Choisis dans le réservoir la partie manquante du dialogue illustré et réécris-la.

a.
– Was machen wir, wenn es regnet?

b.
– Wir bereiten eine Party für die Franzosen vor!

c.
– Zuerst grillen wir Würstchen und dann tanzen wir.

d.
– Der Zug kommt morgen um 6 Uhr 55 an.

■ Wann kommen die Franzosen an?

1. 

■ Wenn es regnet, feiern wir drinnen.

2. 

■ Was macht ihr?

3. 

■ Wann tanzen wir?

4. 

Hör gut zu

Cola und Limo (➤ manuel p. 114)

Écoute le dialogue et coche la (ou les) bonne(s) réponse(s).

1. Pour quand faut-il faire les achats?

☐ **a.** für heute Nachmittag ☐ **b.** für heute Abend ☐ **c.** für morgen Abend

2. Que veut acheter Lena?

☐ **a.** Brot ☐ **b.** Cola ☐ **c.** Limo(nade) ☐ **d.** Kartoffelsalat ☐ **e.** Würstchen

3. Que dit Lena pour accepter l'aide qu'on lui propose?

☐ **a.** Ja, das schaffen wir schon! ☐ **b.** Ich weiß nicht! ☐ **c.** Ja gern!

4. Lisa pense pouvoir trouver une aide supplémentaire. Que dit-elle?

☐ **a.** Wir können Jonas fragen. ☐ **b.** Was machen wir? ☐ **c.** Warte! Ich habe eine Idee.

5. Quelle est la réponse de Jonas?

☐ **a.** Nein, ich kann nicht. ☐ **b.** Alles klar! ☐ **c.** Ok, warum nicht?

Musikbox

Les voyelles <au>, <ei> et <eu> (➤ manuel p. 114)

a. Écoute et complète les mots par <au>, <ei> ou <eu> selon ce que tu entends.

1. k ...... fen

2. vorber ...... ten

3. sch ...... nen

4. gl ...... ben

5. N ...... jahr

6. F ...... erwerk

7. Tannenb ...... m

8. viell ...... cht

9. langw ...... lig

10. r ...... ten

11. Fr ......

12. s ...... er

13. ...... nschlafen

14. ...... sruhen

15. unterschr ...... ben

16. ...... nk ...... fen

17. n ......

18. ...... ch

b. Trouve les mots correspondants aux définitions. Ils doivent tous comporter <au>, <ei> ou <eu>.

1. Le contraire de « bon marché ». ....

2. Deux prépositions suivies du datif. ....

3. Entre hier et demain. ....

4. Précède *machen* pour ouvrir. ....

Zum Dialog

Die Franzosen (➤ manuel p. 116)

1. Pour bien commencer.

Voici le programme du séjour des correspondants français à Hambourg.

Montag	Ankunft der Franzosen - 6:55 - Party : 20:00
Dienstag	Stadtrundfahrt - 15:00
Mittwoch	Ausflug nach Bremen - 8:30
Donnerstag	Radtour - 14:00
Freitag	Alsterfahrt - 15:30
Samstag	Stadtrallye - 10:00
Sonntag	Grillfest - 12:00 – Abfahrt der Franzosen - 23:12

Lundi après-midi, Lena écrit son journal et y parle de l'échange, en essayant de se rappeler certaines expressions en français. Peux-tu l'aider ?

Relie les expressions équivalentes par des flèches en t'aidant de ce que tu connais.

a. Seit heute Morgen sind die Franzosen da.
b. Heute Abend nehmen wir sie auf die Party mit.
c. Morgen Nachmittag zeigen wir den Franzosen die Stadt.

1. Demain après-midi, nous leur montrons la ville.
2. Ce soir, nous les emmenons à la boum.
3. Les Français sont ici depuis ce matin.

2. Pour mieux écouter.
Les phrases correspondent-elles à ce qui est dit dans le texte ?
Coche la case qui convient.

	Richtig	Falsch
1. Lena hofft, dass Agnès und Cécile gern tanzen.	☐	☐
2. Sie fragt sich, ob die Stadt sie interessiert.	☐	☐
3. Lena findet Jonas' Franzosen sympathisch.	☐	☐
4. Sie möchte wissen, wann die Franzosen wiederkommen.	☐	☐

3. Pour aller plus loin.
Retrouve dans le texte les expressions qui montrent que :

1. Les correspondantes de Lisa et Lena viennent d'arriver.

....

2. Lena se fait du souci quant au programme.

....

3. Jonas a de la chance avec son correspondant.

....

4. Lena a très envie d'aller à Marseille.

....

Grammatik mit Taktik (1)

(➤ manuel p. 118-119)

Te souviens-tu comment construire des interrogatives directes et des interrogatives indirectes ? Sinon, reporte-toi à ton manuel page 119.

1. Lisa se renseigne auprès de Jonas.
Forme des questions directes à partir des groupes de mots dans le désordre.

1. eigentlich – die Franzosen – wann – an/kommen?

....

2. du – die Tombola – organisierst? ....

3. mit mir – kannst – zum Einkaufen – kommen – du?

....

4. warum – willst – du – grillen – Würstchen?

....

5. du – CDs für die Party – mitbringen – willst?

....

2. Lena n'a pas entendu et se renseigne auprès de sa sœur. Demande la même chose que dans l'exercice 1. en commençant par *Ich möchte wissen...,* Attention à la place du verbe conjugué !

1. *Lena möchte wissen, wann die Franzosen eigentlich **ankommen**.*

2. ....

3. ....

4. ....

5. ....

3. Tu te poses des questions au sujet de Jonas ? Demande-lui donc directement !

Ich frage mich, ob Jonas heute zum Fußball geht. ➤ *Gehst du heute zum Fußball, Jonas?*

1. Ich frage mich, ob Jonas mit den Hunden im Park war.

➤ ....

2. Ich frage mich, ob Jonas mit nach Marseille fährt.

➤ ....

3. Ich frage mich, ob Jonas das Musical toll gefunden hat.

➤ ....

Grammatik mit Taktik (2)

(➤ manuel p. 118-119)

1. Puise dans le réservoir pour compléter les phrases suivantes :

■ am (x 2) ■ im ■ beim ■ um (x 2) ■ zu ■ zum ■ wann

.... Dienstag haben Lena und Lisa Geburtstag. .... Geburtstag möchten sie neue Fahrräder. .... Nachmittag kommen Opa und Oma zum Kaffee, aber .... fünf müssen sie schon gehen, weil sie .... Viertel nach sieben ins Konzert gehen.

.... Abendessen erzählen die Mädchen, dass sie .... Ostern eine lange Radtour machen möchten.

Die Eltern möchten wissen, ... die Mädchen fahren, weil sie .... April an die Ostsee fahren wollen.

2. Choisis parmi les activités suivantes et organise ta journée.
Attention à la place du verbe conjugué !

■ auf die Post gehen ■ im Internet surfen ■ ins Cybercafé gehen ■ die Adresse suchen ■ ein Geschenk für meinen Freund kaufen ■ eine Cola trinken ■ einen Brief schreiben ■ ins Kaufhaus gehen ■ in die Stadt fahren

1. Zuerst schreibe ich einen Brief.

■ Dann ....

■ Zum Schluss ....

2. Zuerst ....

■ Dann ....

■ Zum Schluss ....

3. Zuerst ....

■ Dann ....

■ Zum Schluss ....

Der Lesedetektiv Im « Docks/Prinzenbar » (➤ manuel p. 120)

Choisis un spectacle dans le programme du « Docks ». Complète le billet d'entrée en inscrivant toutes les indications nécessaires pour te rendre au spectacle, en allemand évidemment.

Docks – Eintrittskarte

1. Nom du spectacle ■ ....
2. Style de musique ■ ....
3. Jour de la semaine ■ ....
4. Date (tu la choisis) ■ ....
5. Prix (tu l'inventes) ■ ....
6. Heure du début ■ ....

Rund um... das Wetter (➤ manuel p. 121)

Regarde à nouveau les symboles météorologiques et décris le temps qu'il fait dans trois villes européennes de ton choix.

1. ■ *In* ....
....

2. ■ *In* ....
....

3. ■ *In* ....
....

Spiele

1. Partnerspiel. ***Feste und Partys*** **(Grille A)**

a. Remplis la grille te concernant (*ich*).

b. Pose des questions à ton (ta) camarade (la grille B se trouve p. 88). Il (elle) a les renseignements qui te manquent. Réponds toujours à ses questions par des phrases entières.

Was für ein Fest ist es?	Wer organisiert es?	Wann ist das Fest?	Was brauchen sie?
■ eine Silvesterparty	■	■ am 31. Dezember	■ ....
■	■ Lisa und Lena	■	■ eine Geburstagstorte, Cola und Limo
■	■ Jonas Mutter	■	■ Kostüme, Musik, Luftballons
■ ein Grillfest	■	■ Ende Juni	■ ....
■	■ ich	■	■ ....
■	■ mein Partner	■	■ ....

2. Buchstabensalat. À l'aide de la carte d'Allemagne page 33 de ton manuel, retrouve les noms de ces cinq villes d'Allemagne.

R E D E S D N

■ ....

L E B N I R

■ ....

E N C M H Ü N

■ ....

G B A R M U H

■ ....

K T F R A U F N

■ ....

Teste dich (1) Auto-évaluation

Revois d'abord la leçon 7 si tu veux faire un bon score ! Comment peux-tu dire pour... ?

1. expliquer que tu réalises un projet. (par exemple une fête)

....

2. indiquer un horaire.

....

3. donner le point de départ d'une action.

....

4. parler du déroulement chronologique d'une action.

....

5. parler de ce qui peut contrarier un projet. (par exemple la météo)

....

....

6. parler de tes besoins.

....

7. demander le prix de quelque chose.

....

8. dire que quelque chose est trop cher.

....

9. exprimer un sentiment sur quelqu'un.

....

10. dire que tu es content à la perspective de…

....

....

11. parler du temps qu'il fait.

....

12. demander le temps qu'il fait.

....

score | /12

Teste dich (2) Auto-évaluation

1. Trouve les quatre projets évoqués dans les quatre dialogues et classe-les dans l'ordre où tu les entends.

a. ins Schimmbad fahren
b. die Cousins aus Wien kommen
c. eine Gartenparty machen
d. das Sportfest vorbereiten
e. die Freunde aus Zürich kommen
f. das Sommerfest machen
g. ein Fußballspiel organisieren
h. die Geburtstagsparty vorbereiten

1	2	3	4

2. Pour quand ces projets sont-ils prévus ?
Écris le titre qui convient sous chaque dialogue et coche la bonne réponse.

	Dialog 1	Dialog 2	Dialog 3	Dialog 4
das Projekt				
Samstag, den 11. Mai				
am Wochenende				
heute Nachmittag				
am Dienstag				

3. Écoute bien et complète les informations qui manquent.

Dialog 1
Jetzt habe ich keine Zeit, ...

Dialog 2

a. Aber wenn es regnet, ...

b. Wie viel kostet es ? ....

Dialog 3
Hast du Lust, ...

Dialog 4

a. Wenn das Wetter schön ist, ...

b. Wenn es nicht schön ist, ...

Comics — Einstein (➤ manuel p. 124-125)

Albert Einstein est considéré comme le plus grand physicien de son siècle. Né d'une famille juive, le jeune Albert grandit à Munich et déménage à l'âge de quinze ans en Suisse. Ses mauvais résultats scolaires ne l'empêcheront pas de devenir plus tard le père de la théorie de la relativité !
Avec l'accession au pouvoir d'Hitler, Einstein émigre aux États-Unis où il contribue à la construction de la bombe atomique, dans le but de contrer un projet similaire de l'Allemagne nazie.
Profondément pacifiste et démocrate, sa déception sera grande quand il découvrira les dégâts causés ultérieurement par les armes nucléaires qu'avaient permis ses propres théories.
Albert Einstein meurt à Princeton, aux États-Unis, après une fin de vie assez solitaire.

Relis la B.D. sur Einstein dans ton manuel, pages 124-125, et coche la bonne réponse.

1. À propos de l'enfance d'Einstein…
☐ **a.** Er wird in Hamburg geboren.
☐ **b.** Er wird in Bayern groß.
☐ **c.** Er kommt in der Schweiz auf die Welt.

2. À propos de son parcours scolaire…
☐ **a.** Albert ist ein brillanter Schüler.
☐ **b.** Er geht sehr gern zur Schule.
☐ **c.** Er ist ein schlechter Schüler.

3. À propos de ses études supérieures…
☐ **a.** Einstein studiert Chemie und Physik.
☐ **b.** Er macht ein Ingenieurstudium.
☐ **c.** Er studiert nicht.

4. À propos de ses enfants…
☐ **a.** Einstein hat keine Kinder.
☐ **b.** Er hat zwei Töchter.
☐ **c.** Er hat zwei Kinder.

5. À propos de la formule de la théorie de la relativité…
☐ **a.** Die Formel lautet E = m + c2.
☐ **b.** Sie lautet E = m2c.
☐ **c.** Sie lautet $E = mc^2$.

6. À propos du prix Nobel…
☐ **a.** Er bekommt den Nobelpreis für Mathematik.
☐ **b.** Er bekommt den Nobelpreis für Physik.
☐ **c.** Er bekommt den Nobelpreis für Chemie.

7. À propos de l'émigration d'Einstein…
☐ **a.** Einstein emigriert 1930 in die Schweiz.
☐ **b.** Er emigriert 1940 nach Mexiko.
☐ **c.** Er emigriert 1933 in die Vereinigten Staaten.

8. À propos de son attitude par rapport à la guerre…
☐ **a.** Einstein ist für den Krieg.
☐ **b.** Er ist für Krieg und Frieden.
☐ **c.** Er ist gegen den Krieg.

9. À propos de sa mort…
☐ **a.** Einstein stirbt im Alter von sechsundsiebzig Jahren.
☐ **b.** Er stirbt mit achtzig Jahren.
☐ **c.** Er stirbt im Alter von fünfundachtzig Jahren.

Erzählen und berichten

8

Start 1

(➤ manuel p. 129)

Écoute les quatre dialogues dans lesquels est évoquée la semaine passée avec les correspondants et note dans le tableau l'ordre dans lequel tu les as entendus.

a.	b.	c.	d.

Start 2

(➤ manuel p. 129)

Écoute les dialogues et coche la phrase qui correspond à la situation.

Situation 1 :

Le professeur

☐ commente les événements de la semaine.
☐ demande de raconter la semaine.

Situation 2 :

Lena

☐ donne son avis sur la fête.
☐ demande à Hannes ce qu'il pense de la fête.

Hannes

☐ dit qu'ils ont eu de la chance.
☐ a un avis différent.

Situation 3 :

Malika

☐ est ravie d'être allée à la discothèque.
☐ aurait aimé aller en discothèque.

☐ trouve que le programme était incomplet.
☐ insiste sur un point du programme particulièrement réussi.

Situation 4 :

Lisa

☐ ne peut croire que sa sœur est tombée amoureuse.
☐ ne peut s'empêcher de raconter que sa sœur est amoureuse.

Jonas

☐ le savait déjà.
☐ n'en revient pas.

Sprechsituationen

Die Woche mit den Franzosen (➤ manuel p. 131)

Noch etwas

Réécoute les dialogues et ajoute aux phrases suivantes un point d'exclamation ou d'interrogation selon le sens.

Beschreibt eure Woche mit den Franzosen ....

Was hat euch besonders gefallen ....

Was war weniger schön ....

Die Party war wirklich toll ....

Es hat nicht geregnet ....

Aber der Ausflug nach Bremen war doch super .....

Ich glaube, Lena hat sich in Patrick verliebt ....

Ist das wirklich wahr ....

Sprechsituationen (2) Das kannst du schon ! (➤ manuel pp. 130-131)

Voici quatre situations. Choisis dans le réservoir le dialogue correspondant à chacune des situations, puis écris-le.

a.
– Die Party war wirklich prima. Oder?
– Doch! Sie war stark!

b.
– Der Ausflug nach Bremen war super!
– Ja, er hat mir auch gut gefallen.

c.
– Das Wetter war toll!
– Ja, mit dem Wetter haben wir Glück gehabt!

d.
– Ich bin enttäuscht, weil wir nicht in die Disco gegangen sind.
– Das finde ich nicht so schlimm.

■ ....
....
....

1.

■ ....
....
....

2.

■ ....
....
....

3.

■ ....
....
....

4.

Hör gut zu

🎧 Lena ist enttäuscht (➤ manuel p. 132)

D'accord ? Pas d'accord ? Retrouve ce que disent Lena et Lisa.

Lisa : Die Woche mit den Franzosen war.. ....! Findest du nicht?

Lena : Ja, nur die Party hat mir... ....

Lisa : Was? Es war doch ....! Wir haben den ganzen Abend getanzt, und du bist enttäuscht?

Lena : Du hast den ganzen Abend.......................................! ....!

Lisa : Was?

Lena : Ja, ich habe .... lang Würstchen gegrillt.

Musikbox

🎧 Les voyelles <ä>, <ö> et <ü> (➤ manuel p. 132)

« Mit Umlaut oder ohne Umlaut ? »
a. Complète chaque mot par la voyelle avec ou sans *Umlaut* suivant ce que tu entends.

1. k............mmen
2. erz............hlen
3. zerschl............gen
4. du schl............fst
5. die W............rstchen
6. der Franz............se
7. h............ffentlich
8. die N............chte
9. der Einbr............ch
10. pl............tzlich
11. f............rchtbar
12. wir h............ren
13. der F............ßball
14. der Ausfl............g
15. die Z............ge

b. Mit Umlaut
Écris les mots qui correspondent aux définitions. Ils comportent tous un *Umlaut*.

1. La 3e personne du singulier du verbe *vorschlagen.* ....

2. Des souris en allemands. ....

3. Une ville allemande au bord du Rhin. ....

4. La capitale de la Bavière. ....

5. L'expression du devoir à l'infinitif. ....

6. Plus gros que gros ! ....

Zum Dialog

Max und der Jogger (➤ manuel p. 134)

1. Pour bien commencer.

Choisis parmi ces huit activités celle qui convient à chacun des personnages.

1. der Jogger 
■ ....

2. der Hund 
■ ....

3. der Junge 
■ ....

4. der Mann 
■ ....

a. Er joggt. 

b. Er läuft. 

c. Er springt. 

d. Er geht spazieren. 

e. Er läuft weg. 

g. Er hält den Hund. 

i. Er fällt hin. 

j. Er schimpft. 

2. Pour mieux écouter.

Remets ces événements dans l'ordre chronologique en les numérotant de 1 à 6.

1. Max hat den Man angesprungen. ☐

2. Jonas musste ihm eine Adresse geben. ☐

3. Max ist weg gelaufen. ☐

4. Max hat einen Jogger gesehen. ☐

5. Jonas ist mit Max spazieren gegangen. ☐

6. Der Mann ist hingefallen. ☐

3. Pour aller plus loin.

Richtig oder falsch ?

Justifie toutes tes réponses en citant le dialogue.

	Richtig	Falsch
1. Jonas wollte mit Max an der Elbe spazieren gehen.	☐	☐
2. Plötzlich hat Max einen Jogger gesehen.	☐	☐
3. Max mag Jogger.	☐	☐
4. Der Jogger ist hingefallen, weil Max ihn angesprungen hat.	☐	☐
5. Der Mann hat die Polizei gerufen !	☐	☐

Grammatik mit Taktik (1)

(➤ manuel pp. 136-137)

Pour raconter, on utilise très souvent le parfait. Te souviens-tu comment choisir l'auxiliaire ? Sinon, reporte-toi à ton manuel page 136.

1. Pendant le séjour des Français, Lena a pris des notes pour son journal intime. Peux-tu l'aider à formuler des phrases entières ? Pense à utiliser le bon auxiliaire !

- Franzosen eine Woche in Hamburg geblieben.
- nach Bremen gefahren
- Party nicht so toll gewesen
- Glück mit dem Wetter gehabt
- viel gemacht
- den ganzen Abend gegrillt
- nicht getanzt
- mich verliebt?
- Patrick mit mir gesprochen

Die Franzosen sind eine Woche in Hamburg geblieben. ....

....

....

....

Les subordonnées ont toutes un point en commun.

Te rappelles-tu lequel ? ....

Fais-y attention dans les exercices suivants.

2. « Satzsalate. »
Remets les groupes de mots dans l'ordre afin de former des subordonnées correctes.

1. Ich glaube nicht, ▪ Lena ▪ dass ▪ sich ▪ in Patrick ▪ hat ▪ verliebt

➤ ....

2. Ich bin enttäuscht, ▪ nicht in die Disco ▪ weil ▪ sind ▪ gegangen

➤ ....

3. Ich frage mich, ▪ nach Marseille ▪ bald ▪ ob ▪ wir ▪ fahren

➤ ....

3. Que de questions ! Commence par *Ich weiß nicht, ob...*

1. Hat dir die Party gefallen ? ➤ ....

2. Seid ihr in die Disco gegangen ? ➤ ....

3. Bist du enttäuscht, weil es geregnet hat ? ➤ ....

Grammatik mit Taktik (2)

(➤ manuel p. 136-137)

Tu connais différentes façons de proposer une activité à quelqu'un. Tu peux dire :
– Ich schlage vor, dass... ; – Ich schlage vor ... ; – Hast du Lust... ; – Wollen wir...

1. Voici une liste d'activités.
a. Propose-les à un(e) ami(e) en utilisant *Ich schlage vor, dass...* et *Ich schlage vor,...*

Ich schlage vor, dass wir ins Kino gehen. ➤ *Ich schlage vor, wir gehen ins Kino.*

- ins Kino gehen
- eine Karnevalsparty organisieren
- in die Pizzeria gehen
- nach Lübeck fahren

1. ....
Oder ....
2. ....
Oder ....
3. ....
Oder ....

b. Utilise maintenant les expressions : *Wollen wir, ... et Hast du Lust,... zu*

Wollen wir ins Kino gehen? ➤ *Hast du Lust ins Kino zu gehen?*

1. ....
Oder ....
2. ....
Oder ....
3. ....
Oder ....

Te rappelles-tu quelles prépositions sont suivies du datif ? Sinon, reporte-toi à ton manuel page 114 et page 66 pour les marques du datif.

2. Complète par la marque qui convient.

Seit gestern sind die Franzosen in Hamburg. Lena versteht sich gut mit ihr.......... Partnerin und Jonas versteht sich auch sehr gut mit sein.......... Partner. Nach d.......... Schule treffen sie sich immer. Wenn sie aus d.......... Schule kommen, sind Patrick und Cécile auch da. Um 4 geht Lena zu.......... Reiten und Lisa geht mit d.......... Französinnen nach Hause.

Der Lesedetektiv

Humor (➤ manuel p. 138)

Mets les commentaires dans l'ordre chronologique de l'histoire et relie-les par des connecteurs temporels pour obtenir un récit.

- Der Mann trägt seinen Hund.
- Jetzt läuft der Hund seinem Herrn nach.
- Der Hund will nicht mehr spazieren gehen.
- und legt sich auf die Straße.
- Ein Mann führt seinen Hund aus.
- Der Mann ist furchtbar sauer und schickt den Hund weg.
- Der Hund geht nicht mehr weiter.
- Er bellt auch.

■ ....

....

■ ....

....

■ ....

....

■ ....

....

Rund um...

die Tiere (➤ manuel p. 139)

Décode les rébus et tu auras chaque fois une expression idiomatique. Transcris-la puis cherche l'équivalent en français.

1.
= ■ ....

....

2.
= ■ ....

....

3.
= ■ ....

....

4.
= ■ ....

....

Spiele

1. Partnerspiel. *Feste und Partys* (Grille B)
a. Remplis la grille te concernant (*ich*).
b. Pose des questions à ton (ta) camarade (la grille A se trouve p. 76). Il (elle) a les renseignements qui te manquent. Réponds toujours à ses questions par des phrases entières.

Was für ein Fest ist es?	Wer organisiert es?	Wann ist das Fest?	Was brauchen sie?
■	■ Jonas und sein Vater	■	■ ein Feuerwerk, belegte Brötchen und Berliner
■ eine Geburtstagsparty	■	■ zu Ostern	■ ....
■ eine Karnevalsparty	■	■ im Februar	■ Würstchen, Koteletts
■	■ die 8 b	■	■ ....
■	■ ich	■	■ ....
■	■ mein Partner	■	■ ....

2. Ein Spiel.
Écris les noms des animaux dessinés, complète les lettres manquantes et tu obtiendras horizontalement le prénom d'un élève de la classe de Jonas.

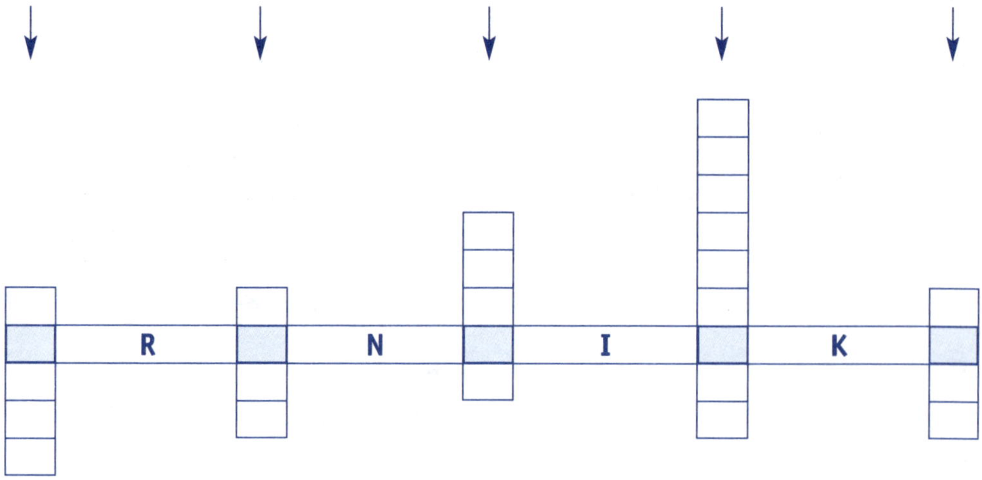

Teste dich (1) Auto-évaluation

Revois d'abord la leçon 8 si tu veux faire un bon score !

Comment peux-tu dire pour :

1. demander à quelqu'un de décrire quelque chose.

....

2. demander à quelqu'un ce qui s'est passé.

....

3. demander à quelqu'un de donner ses impressions.

....

4. introduire un récit, en suscitant l'impatience de l'autre.

....

5. et **6.** donner tes réactions positives à quelque chose.

....

....

7. donner tes réactions mitigées à quelque chose.

....

8. et **9.** donner tes réactions négatives à quelque chose

....

....

10. exprimer une supposition.

....

11. exprimer un doute quant à ce qu'on te raconte.

....

12. réagir à ce qu'on te raconte, en marquant ta surprise.

....

score | /12

Teste dich (2) — Auto-évaluation

1. Quel titre correspond à quel dialogue ? Attention, deux titres ne correspondent à aucun dialogue.

	Dialog 1	Dialog 2	Dialog 3	Dialog 4
a. kein Konzert				
b. im Museum				
c. Picknick bei Regen				
d. Probleme mit dem Abendessen				
e. auf der Party				
f. der Samstag mit den Freunden				

2. Indique à quels dialogues correspondent les activités citées et si elles ont été perçues de façon positive ou négative.

	Dialog	♥ ou ~~♥~~
ein Picknick	2	~~♥~~
in der Disko	1	♥
in den Geschäften		
in die Pizzeria gehen		
ein Eis essen		
CDs hören		
joggen gehen		
eine Radtour		
kein Rockkonzert		
in der Stadt		
einkaufen gehen		

Wörter...

Réécris le texte sans oublier la ponctuation, les majuscules et les *Umlaut*.

dieschulersollendiewochemitdenfranzosenbeschreibendiepartywarwirklichtollundeshat
auchnichtgeregnetjonasklasseunddiefranzosenhabenaucheinenausflugnachbremen
gemachtmalikaistenttauschtsiewarnichtinderdiskohatsichlenawirklichinpatrickverliebt

....

....

....

....

....

Klassenfahrt Etappe 4 : Pläne für den Tag und den Abend in Hamburg (➤ manuel p. 142-143)

Pour établir le programme de la journée, voici un rappel des expressions qui correspondent aux fonctions langagières à mobiliser (voir ci-dessous).
Classe ces expressions en les attribuant à la fonction langagière qui convient :

Faire une proposition

....

....

....

Plaire

....

....

....

Accepter

....

....

....

Déplaire

....

....

....

Refuser

....

....

....

Se situer dans le temps

....

....

....

Exprimer des différences

....

....

....

Énoncer des conditions

....

....

....

Expressions

- Das finde ich nicht so gut!
- Das finde ich stark, toll, prima, super! …
- Das geht (nicht), wenn …
- Das ist doch zu …
- Es ist (un) möglich, weil …
- Einverstanden!
- Gestern …
- Gestern Abend …
- Hast du Lust …?
- Ich finde … besser.
- Ich mag am liebsten …
- Ich schlage vor, wir ….
- Ja, gern!
- Ja, ich … gern.
- Magst du …?
- Mit gefällt … besser.
- Möchtest du …,
- Nein, … finde ich langweilig.
- Nein, … interessiert mich nicht.
- Nein, ich … lieber …
- Nein, ich habe keine Lust.
- Oh ja, gute Idee!
- Oh ja! Prima!
- Prima Idee!
- Um … Uhr …
- Unmöglich!
- Wann …?
- Warum nicht?
- Wenn …, …
- Wollen wir …?
- Zuerst …, dann …

9 Was ist passiert?

Start 1

(➤ manuel p. 147)

Un cambriolage a eu lieu, dans quel ordre entends-tu les réactions qu'il suscite :

a. la recherche d'un témoin par les policiers;
b. les questions de passants qui veulent s'informer;
c. des hypothèses concernant l'heure du cambriolage;
d. les questions d'un policier qui cherche à comprendre.

1	2	3	4

Start 2

(➤ manuel p. 147)

Écoute bien le dialogue et coche la case qui correspond à ce qui est dit :

Situation 1 :
Jonas
☐ se demande ce qui s'est passé.
☐ dit ce qui s'est passé.

Situation 2 :
Herr Rottluff
☐ n'a aucune idée comment s'y est pris le cambrioleur.
☐ pense qu'il s'agit d'un professionnel.

der Polizist
☐ explique le dysfonctionnement du système d'alarme.
☐ pose des questions à propos du système d'alarme.

Situation 3 :
der Mann
☐ sait à quelle heure le cambriolage a été commis.
☐ veut savoir à quelle heure a été commis le cambriolage.

die Frau
☐ connaît l'heure exacte.
☐ connaît l'heure approximative.

Situation 4 :
die Frau
☐ demande si le voisin a entendu quelque chose.
☐ demande si le voisin a vu quelque chose.

der Nachbar
☐ explique que non parce qu'il y avait une fête chez lui.
☐ explique que non parce qu'il a dormi d'un profond sommeil.

Sprechsituationen

Der Einbruch (➤ manuel p. 149)

Noch etwas

Une telle situation suscite beaucoup de questions. Dans ces quatre dialogues, tu entends trois interrogations indirectes et une interrogation directe. Identifie-les et repère les mots interrogatifs.

....

....

....

Sprechsituationen

Das kannst du schon! (➤ manuel p. 148-149)

Voici quatre situations. Choisis dans le réservoir la phase correspondant à chacune.

a.
– Es ist wahrscheinlich zwischen drei und vier Uhr morgens passiert.

b.
– Es waren sicher Profis.

c.
– Ein Einbruch! Im Juweliergeschäft!

d.
– Es tut mir Leid, ich habe fest geschlafen und habe gar nichts gehört.

■ ....

....

1.

■ ....

....

2.

■ ....

....

3.

■ ....

....

4.

Hör gut zu

Bei der Polizei (➤ manuel p. 150)

Nous avons perdu les réponses du suspect. Écoute bien et complète-les. (A : le policier; B : le suspect)

A – Sie sind also der Cousin des Juweliers Rotluff.

B – ....

A – Und Sie haben vor zwei Monaten die Alarmanlage installiert?

B – ....

A – Können Sie uns erklären, warum sie nicht funktioniert hat?

B – ....

A – Und wo waren Sie in der Nacht von Freitag auf Samstag?

B – ....

Musikbox

Hamburg – hier – heute (➤ manuel p. 150)

Complète le tableau en trouvant de mémoire huit exemples pour chaque cas.

mots commençant par <h>	mots comportant un <h> non prononcé, en milieu de mot	mots comportant un <h> prononcé, en milieu de mot
....	....	....
....	....	....
....	....	....
....	....	....
....	....	....
....	....	....
....	....	....
....	....	....

Zum Dialog

Der Einbrecher (➤ manuel p. 152)

1. Pour bien commencer.
Relie les expressions aux dessins correspondants.

1. casser une vitre
2. la clef
3. ouvrir la porte avec une clef
4. fermer la porte avec une clef
5. emballer les bijoux

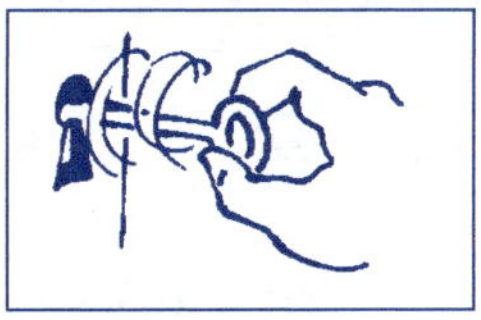

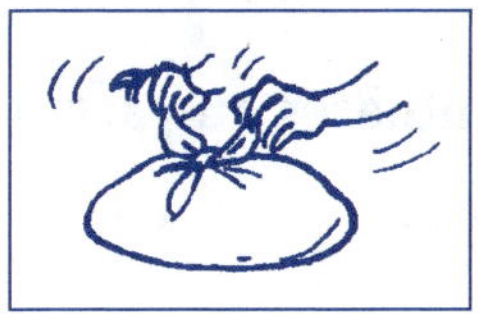

1. die Scheibe zerschlagen
2. den Schlüssel haben
3. die Tür aufschließen (hat aufgeschlossen)
4. die Tür zuschließen (hat zugeschlossen)
5. den Schmuck einpacken (hat eingepackt)

2. Pour mieux écouter.
Souligne la ou les phrases correspondant à l'histoire.

1. a. La police a trouvé le cambrioleur.
b. La police n'a pas trouvé le cambrioleur.

2. a. Le cambrioleur est le fils du bijoutier.
b. Le cambrioleur est le cousin du bijoutier.

3. a. Le cambrioleur s'est dénoncé à la police.
b. Un témoin a aidé la police à trouver le coupable.

4. a. Le témoin a vu que l'homme avait la clef du magasin.
b. Le témoin a vu l'homme rentrer tout simplement par la porte.

5. a. Le coupable a enfoncé la vitre du magasin pour faire croire à un cambriolage.
b. Le coupable a pris les bijoux et refermé la porte derrière lui.

3. Pour aller plus loin.
Numérote les phrases de 1 à 8. Remets-les dans l'ordre pour obtenir un résumé de l'histoire. Aide-toi des marqueurs tels que *weil, zum Schluss* et de la ponctuation.

a. Und zum Schluß hat er die Scheibe zerschlagen, um die Polizei zu täuschen. ☐

b. Der Mann hat alles gesehen, aber er hat nicht sofort bei der Polizei angerufen,… ☐

c. Die Polizei hat den Einbrecher gefunden,… ☐

d. Der Cousin des Juweliers hat das Geschäft aufgeschossen. ☐

e. …weil der Einbrecher einen Schlüssel hatte. ☐

f. Es war der Cousin des Juweliers. ☐

g. Dann hat er den Schmuck eingepackt. ☐

h. …weil ein Mann sich gemeldet hat. ☐

Grammatik mit Taktik (1)

(➤ manuel p. 154-155)

Tu sais qu'on utilise le parfait pour raconter. Vérifie que tu maîtrises aussi les formes irrégulières des participes passés à l'aide des exercices suivants.

1. Mets le verbe entre parenthèses au participe passé.

Jonas hat den Mädchen .... (*erzählen*), dass jemand im Juweliergeschäft Rotluff die Scheibe .... (*einschlagen*) hat und den ganzen Schmuck .... (*stehlen*) hat. Er hat ihnen .... (*erklären*), wie es .... (*passieren*) ist. Die Alarmanlage hat nicht .... (*funktionieren*) und der Nachbar hat auch nichts .... (*hören*). Dann hat sich ein Mann .... (*melden*). Er hat .... (*sehen*), wie der Cousin des Juweliers die Tür .... (*aufschließen*) hat. Er hat die Polizei nicht früher .... (*anrufen*), weil der Mann einen Schlüssel hatte!

2. Te souviens-tu de ce qui s'est passé dans les chapitres 6 et 8 ? Pose la question en employant le verbe au parfait ou au prétérit, selon le verbe concerné. Puis réponds à la question.

1. (*Paul anrufen*) Wer ....?

....

2. (*mit Anja joggen wollen*) Wer ....?

....

3. (*müde sein*) Wer ....?

....

4. (*im Kino einschlafen*) Wer ....?

....

5. (*einfach weglaufen*) Wer ....?

....

6. (*einen Jogger anspringen*) Wer ....?

....

7. (*hinfallen*) Wer ....?

....

8. (*seine Adresse geben*) Wer ....?

....

Grammatik mit Taktik (2) (➤ manuel p. 154-155)

Tu sais que pour choisir un pronom, il faut connaître :
– la personne (1re, 2e ou 3e) ;
– le nombre (singulier ou pluriel) ;
– le cas (nominatif, accusatif ou datif).

1. Complète par les pronoms personnels qui conviennent.
a. Jonas s'adresse à Lisa (ils se tutoient).

– Lisa ! Ich habe ein Geschenk für .... (du).

– Für .... (ich) ? Das ist ja nett von .... (du) !

– Soll ich .... (du) helfen ?

– Ja, gern, ohne .... (du) kann ich den Schrank nicht tragen.

b. Plusieurs élèves de la classe s'adressent à Lena et Lisa.

– Lisa und Lena ! Wir haben ein Geschenk für .... (ihr).

– Für .... (wir) ? Das ist ja nett von .... (ihr) !

– Sollen .... (ihr) helfen ?

– Ja, gern, ohne .... (ihr) können .... den Schrank nicht tragen.

c. Jonas s'adresse à Oma Horn (il la vouvoie).

– Oma Horn ! Ich habe ein Geschenk für .... (Sie).

– Für .... (ich) ? Das ist ja nett von .... (du) !

– Sollen .... (Sie) helfen ?

– Ja, gern, ohne .... (du) kann ich den Schrank nicht tragen.

2. Tu t'adresses à un(e) ami(e) pour...
– faire une hypothèse : *Vielleicht...*
– obtenir plus de renseignements : *Kannst du mir erklären, was...*
À toi d'inventer les situations.

a. Adresse-toi à un groupe d'amis.

....

....

b. Adresse-toi à quelqu'un que tu vouvoies.

....

....

....

Der Lesedetektiv Unfall in der Marktstraße (➤ manuel p. 156)

Complète par les informations concernant l'accident. Tu les trouveras en relisant l'article en allemand.

- la date ■ ....
- l'heure ■ ....
- le véhicule ■ ....
- l'âge du blessé ■ ....
- le lieu ■ ....
- le témoin ■ ....
- les suites ■ ....

Rund um... die Geschäfte (➤ manuel p. 157)

Les dessins représentent ce que tu souhaites acheter. Ajoute d'autres articles dans le réservoir et rédige des phrases en précisant où tu vas acheter chaque chose.

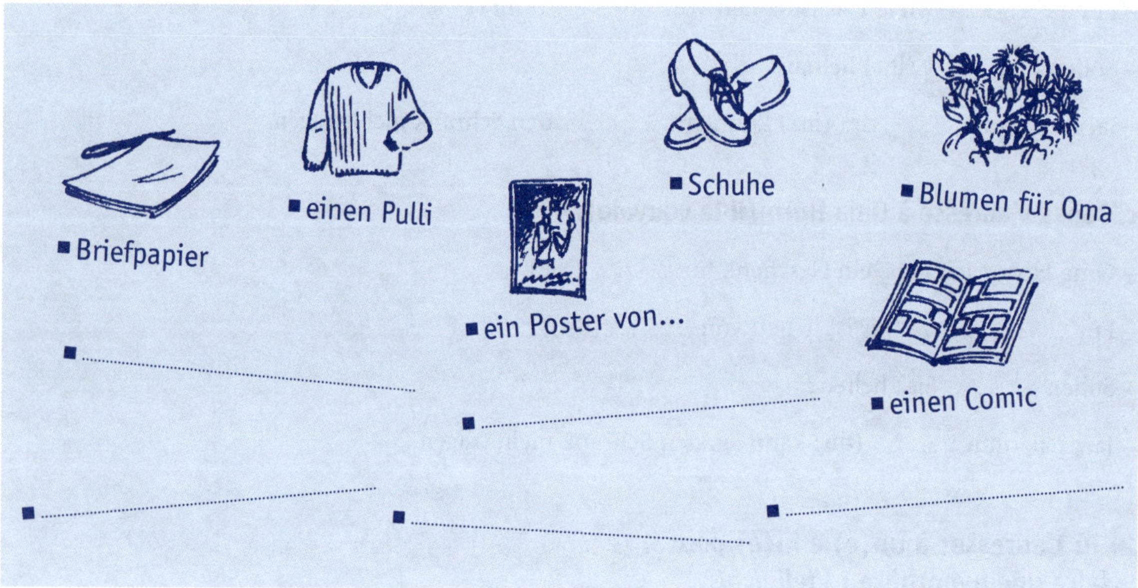

■ *Ich kaufe Briefpapier im* ***Schreibwarenladen.*** ....

■ *Ich kaufe einen Pulli in* ....

■ ....

■ ....

■ ....

■ ....

■ ....

■ ....

■ ....

Spiele

1. Partnerspiel. *Was? Wann? Wo? Warum?* (Grille A)

a. Invente un fait divers (*Fall Nr. 5*).

b. Pose des questions à ton (ta) camarade (la grille B se trouve p. 109). Il (elle) a les renseignements qui te manquent. Réponds toujours à ses questions par des phrases entières.

	Was ist passiert?	Wann ist es passiert?	Wo ist es passiert?	Warum ist es passiert?
Fall Nr.1	■ Ein Banküberfall : eine Million Euro sind weg!	■	■ in München	■ ....
Fall Nr.2	■	■ am 12. Mai am Nachmittag	■	■ Ein großer Hund hat einen Radfahrer angesprungen.
Fall Nr.3	■ Millionen Menschen haben sich zur Parade getroffen.	■	■ in Berlin	■ ....
Fall Nr.4	■	■ letzte Woche	■	■ Er hat die Geburtsdaten seiner Familie gespielt.
Fall Nr.5	■ mein Partner	■	■	■ ....
Fall Nr.6	■ (Ich)	■	■	■ ....

1. Silbenrätsel
Utilise toutes les syllabes pour reconstituer les mots qui ont un rapport avec le cambriolage.

■ a ■ an ■ bre ■ bruch ■ chen ■ cher ■ ein ■ ein ■ ge ■ gen ■ ju ■ la ■ larm ■ len ■ lier ■ zer ■ sa ■ schäft ■ schla ■ schmuck ■ steh ■ we ■ wert

1. die ....
2. der ....
3. der ....
4. das ....
5. die ....
6. der ....
7. ....
8. ....

Teste dich (1) Auto-évaluation

Revois d'abord la leçon 9 si tu veux faire un bon score !
Comment peux-tu dire pour :

1. introduire un récit, en suscitant l'impatience de l'autre.

....

2. donner le compte-rendu de ce que tu as vu.

....

3. et **4.** mener ton enquête.

....

....

5. et **6.** pour exprimer ta grande surprise.

....

....

7. énoncer une hypothèse.

....

8. énoncer une certitude.

....

9. exprimer une supposition.

....

10. exprimer un doute quant à ce qu'on te raconte.

....

11. préciser le moment où s'est passé quelque chose.

....

12. donner la cause de quelque chose.

....

score /12

Teste dich (2)

Auto-évaluation

1. Classe les thèmes dans l'ordre où tu les entends dans les dialogues.

a. etwas reparieren wollen
b. etwas nicht finden
c. ein kleiner Unfall
d. ein materielles Problem

1	2	3	4

2. De quoi s'agit-il exactement ? Écoute encore une fois les quatre dialogues et inscris le numéro du dialogue correspondant dans la case.

☐ **a.** Das Fahrrad ist kaputt.
☐ **b.** die Schlüssel suchen
☐ **c.** Das Fenster war auf.
☐ **d.** Das ist zu kompliziert.
☐ **e.** den Radfahrer anspringen
☐ **f.** schade, der Teppich
☐ **g.** Wo sind sie?
☐ **h.** so viel Regen
☐ **i.** ein Hund
☐ **j.** auf dem Schreibtisch?
☐ **k.** etwas versuchen können
☐ **j.** Wir schaffen es.

3. Trouve les réponses dans les quatre dialogues. Écris-les.

1. Wann hat es so viel geregnet? ....

2. Wann hat er/sie den Teppich bekommen? ....

3. Wann hat ein Hund den Radfahrer/die Radfahrerin angesprungen? ....

4. Wann hat er/sie seine/ihre Schlüssel zuletzt gesehen? ....

Wörter...

Remplace les dessins par les verbes correspondant à la forme conjuguée qui convient.

1. Diesen Hit finde ich super! .... mal!

2. Der Einbrecher hat auch mein Fahrrad ....

3. Hast du denn etwas .... ?

4. Es ist schön Wetter. Wir können doch ....

10 Wäre das nicht toll?

Start 1 (➤ manuel p. 161)

De quoi parle-t-on dans le quatrième dialogue ?

....

Start 2 (➤ manuel p. 161)

Écoute les dialogues et coche la phrase qui correspond à la situation.

Situation 1 :

Lena

- ☐ aimerait bien aller passer une semaine de vacances en France.
- ☐ aimerait bien avoir autant de vacances que les Français.

Jessica

- ☐ n'est pas du même avis.
- ☐ est tout à fait d'accord.

Situation 2 :

Thomas

- ☐ se renseigne sur les projets de vacances d'Alexander.
- ☐ parle de ses projets de vacances.

Alexander

- ☐ dit où il aimerait partir en vacances.
- ☐ demande à Thomas où il compte aller.

Situation 3 :

Lisa

- ☐ fait une proposition à Jonas.
- ☐ demande à Jonas s'il a prévu quelque chose après la piscine.

Jonas

- ☐ n'a pas le temps.
- ☐ ne sait pas s'il peut accepter car il a un problème.

Situation 4 :

Anja

- ☐ aimerait bien manger quelque chose.
- ☐ dit ce qu'elle aimerait faire maintenant.

Paul

- ☐ Il refuse catégoriquement à cause de la chaleur.
- ☐ Il accepte bien qu'il ait très chaud.

Sprechsituationen Im Freibad (➤ manuel p. 163)

Noch etwas

Réécoute les dialogues. Signale les accentuations par un accent au dessus des syllabes concernées.

Dialogue 1

▪ Jessica : Ja, das wäre toll!

Dialogue 2

▪ Thomas : Was hast du in den Ferien vor?

Dialogue 3

▪ Jonas : Ich fürchte, dass mein Taschengeld nicht reicht.

Dialogue 4

▪ Anja : ich würde gern einen Stadtbummel machen.

Sprechsituationen Das kannst du schon! (➤ manuel pp. 162-163)

Attribue un prénom à chaque dessin. Retrouve ensuite les répliques correspondantes en allemand, puis écris-les.

■ Lisa ■ Anja ■ Alexander ■ Lena

a.

■ ....

b.

■ ....

c.

■ ....

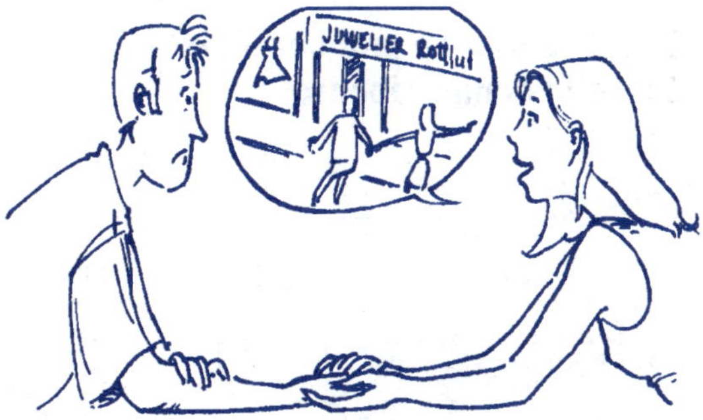

d.

■ ....

1. Qui irait bien faire un tour en ville? ....

Que dit-il/elle? ....

2. Qui voudrait avoir plus de vacances? ....

Que dit-il/elle? ....

3. Qui propose de manger une glace? ....

Que dit-il/elle? ....

4. Qui irait bien au bord de la Méditerranée? ....

Que dit-il/elle? ....

Hör gut zu

🎧 Im Eiscafé (➤ manuel p. 164)

La serveuse n'a pas bien retenu la commande de nos trois amis. Écoute et note ce que chacun a commandé.

■ **Lisa**

■ ....

■ ....

■ ....

■ **Lena**

■ ....

■ **Jonas**

■ ....

■ ....

■ ....

Eis

■ Joghurt

■ Vanille (2)

■ Stracciatella

Zu trinken

■ eine Limo

■ eine Cola

■ ....

■ ....

■ ....

Musikbox

🎧 Les deux façons de prononcer la lettre <s> (➤ manuel p. 164)

La lettre <s> se prononce-t-elle comme dans « Jonas » ou comme dans « Lisa » ? Coche la bonne réponse.

	Jonas	Lisa		Jonas	Lisa
1. gesehen	☐	☐	**10.** die Sonne	☐	☐
2. sofort	☐	☐	**11.** organisieren	☐	☐
3. die Profis	☐	☐	**12.** nichts	☐	☐
4. Kartoffelsalat	☐	☐	**13.** Eiscafé	☐	☐
5. der Ausflug	☐	☐	**14.** die Angst	☐	☐
6. besonders	☐	☐	**15.** die Musik	☐	☐
7. seit	☐	☐	**16.** etwas	☐	☐
8. was	☐	☐	**17.** die Hose	☐	☐
9. kosten	☐	☐	**18.** Silvester	☐	☐

Zum Dialog — Ferienpläne (➤ manuel p. 166)

1. Pour bien commencer.
Associe les lieux et les activités.

1. wandern

2. braun werden

3. reiten

4. Wasserski fahren und segeln

5. in der Sonne liegen

a. in Hamburg ■ ....

b. auf einem Reiterhof ■ ....

c. am Mittelmeer ■ ....

d. im Süden ■ ....

e. am Chiemsee ■ ....

2. Qui a quel projet de vacances ?

1. eine große Wandertour ■ ....

2. ein Urlaub im Süden ■ ....

3. zwei Wochen auf einem Reiterhof ■ ....

4. am Chiemsee segeln, Wasserski fahren und reiten ■ ....

3. Relis le dialogue, puis associe questions et réponses.

1	2	3	4

1. Warum will Herr Hansen eine Wandertour machen?

2. Warum will Frau Hansen in den Süden fahren?

3. Warum wollen die Mädchen reiten?

4. Warum fährt Jonas an den Chiemsee?

a. Weil es nicht so heiß wie in München ist.

b. Weil sie richtig braun werden will.

c. Weil es viel besser ist als wandern oder in der Sonne liegen.

d. Weil er sportlich ist.

Grammatik mit Taktik (1)

(➤ manuel pp. 168-169)

Te souviens-tu comment on fait la différence entre les compléments de lieu selon qu'ils indiquent le lieu où l'on est (locatif) et le lieu où l'on va (directif) ? Sinon, reporte-toi à ton manuel page 168.

1. Hannes est blasé, il est déjà allé partout où Jonas aimerait aller...
Complète ses réponses en te reportant au modèle. Attention aux changements sur les compléments de lieu.

■ *Jonas sagt :* ➤ *Ich würde gern nach Spanien fahren!*

■ *Hannes antwortet :* ➤ *In Spanien war ich schon!*

1. Jonas sagt : – Ich würde gern nach Paris fahren!

■ Hannes antwortet : ....!

2. Jonas sagt : – Ich würde gern in die Schweiz fahren!

■ Hannes antwortet : ....!

3. Jonas sagt : – Ich würde gern an den Chiemsee fahren!

■ Hannes antwortet : ....!

4. Jonas sagt : – Ich würde gern zu den Indianern nach Amerika fahren!

■ Hannes antwortet : ....!

5. Jonas sagt : – Ich würde gern ans Mittelmeer fahren!

■ Hannes antwortet : ....!

2. Tu lis les petites annonces. Bien des offres sont alléchantes...
Dis où tu aimerais bien aller, sans oublier le directif après *fahren* ou *fliegen*.

■ *Drei Wochen in Berlin.* ➤ ***Ich hätte Lust, drei Wochen nach Berlin zu fahren!***

■ Eine Woche auf Mallorca ■ Zehn Tage in Marseille ■ Einen Monat in Südamerika
■ Zwei Wochen auf den Antillen ■ Einen Monat in China ■ Eine Woche in der Schweiz

1. Ich hätte Lust,..

2. Ich hätte Lust, ...

3. Ich hätte Lust, ...

4. Ich hätte Lust, ...

5. Ich hätte Lust, ...

6. Ich hätte Lust, ...

Grammatik mit Taktik (2) (➤ manuel pp. 168-169)

Te souviens-tu où sont placés les verbes conjugués lorsque la proposition subordonnée de condition est en tête de phrase ? Sinon, reporte-toi à ton manuel page 168.

1. Commence ta phrase par une subordonnée de condition *wenn*, comme dans l'exemple et tu sauras ce que Jonas compte faire si...

Die Sonne scheint. – Wir grillen im Garten. ➤ *Wenn die Sonne scheint, grillen wir im Garten.*

1. Oma gibt mir Geld. – Ich kaufe mir einen neuen Computer.

Wenn ....

2. Ich fahre nach München. – Ich möchte an den Chiemsee fahren.

Wenn ....

3. Patrick lädt mich ein. – Ich fahre nach Marseille.

Wenn ....

4. Das Wetter ist schön. – Wir gehen an den Strand.

Wenn ....

5. Paul ist nicht müde. – Wir gehen ins Kino.

Wenn ....

Pour parler de tes rêves, tu peux choisir entre « *Ich würde gern* + infinitif » ou « *Ich hätte Lust,... zu* + infinitif ».

2. Passe de la formule « ich würde gern + infinitif » à « ich hätte Lust,... zu + infinitif » ou vice-versa, comme dans l'exemple.

Ich hätte Lust, nach Italien zu fahren. ➤ *Ich würde gern nach Italien fahren.*

1. Ich würde gern an den Strand gehen.

....

2. Ich hätte Lust, einen Computer zu kaufen.

....

3. Ich würde gern mal reiten.

....

4. Ich hätte Lust, in die USA zu fliegen.

....

Der Lesedetektiv Freizeit (➤ manuel p. 170)

Regarde dans ton manuel, le tableau « Die Freizeithits der Kids » et complète les phrases par le pourcentage correspondant.

1. .... des jeunes Allemands entre 6 et 19 ans aiment lire.

2. .... font du vélo

3. .... regardent des cassettes vidéo

4. .... pratiquent des jeux de plein air.

5. .... pratiquent du skateboard

6. .... rencontrent des amis.

7. .... écrivent des mails.

8. .... s'occupent d'un animal.

Rund um... die Verkehrsmittel und das Reisen (➤ manuel p. 171)

Indique le nom des différents moyens de transport et décris celui que tu préfères pour partir en vacances. Aide-toi de la liste ci-contre. (Ce n'est pas limitatif).

■ .... ■ .... ■ .... ■ .... ■ .... ■ .... ■ ....

■ schnell gehen ■ teuer sein ■ Angst haben ■ etwas sehen ■ nicht viel kosten ■ komfortabel sein

■ Wir fahren mit dem **Zug**. So *können* wir *die Städte, Berge, Flüsse…* sehen.

■ Ich reise gern mit dem **Flugzeug**, weil es *schnell geht.*

■ ....

■ ....

■ ....

■ ....

Spiele

1. Partnerspiel. *Was ? Wann ? Wo ? Warum ?* (Grille B)
a. Invente un fait divers.
b. Pose des questions à ton (ta) camarade (la grille A se trouve p. 99). Il (elle) a les renseignements qui te manquent. Réponds par des phrases complètes.

	Was ist passiert?	Wann ist es passiert?	Wo ist es passiert?	Warum ist es passiert?
Fall Nr.1	■	■ in der Nacht von Samstag auf Sonntag	■	■ Die Alarmanlage hat nicht funktioniert.
Fall Nr.2	■ Ein Mann hat einen Unfall gehabt und sich das Bein gebrochen.	■	■ in Hamburg, in der Mönckebergstraße	■ ....
Fall Nr.3	■	■ im Sommer	■	■ um Techno-Musik zu hören
Fall Nr.4	■ Ein Schüler hat 100 000 Euro im Lotto gewonnen.	■	■ in Bayern	■ ....
Fall Nr.5	■ (Ich)	■	■	■ ....
Fall Nr.6	■ (Mein Partner)	■	■	■ ....

2. Ein Spiel. La première partie du mot composé est représentée ici par un dessin. Combine le dessin avec le mot juste puis écris les mots composés avec leur article.

1. 
2. 
3. 
4. 
5. 
6. 

+ ■ das Geschäft = ■ ....
+ ■ die Straße = ■ ....
+ ■ der Hof = ■ ....
+ ■ der Laden = ■ ....
+ ■ das Geld = ■ ....
+ ■ der Bummel = ■ ....

Revois d'abord la leçon 10 si tu veux faire un bon score!

1. et **2.** demander à quelqu'un ses projets de vacances.

....

3. parler de ton/tes projet(s) de vacances.

....

4. dire que tu aurais envie d'aller à…

....

....

5. et **6.** exprimer ta préférence pour une destination.

....

....

7. … en comparant avec une autre destination.

....

8. refuser quelque chose catégoriquement.

....

9. exprimer une crainte.

....

10. exprimer ton enthousiasme pour ce que tu aimerais faire ou avoir.

....

11. exprimer ce qui te plairait.

....

12. exprimer un but.

....

score | /**12**

Teste dich (2) Auto-évaluation

1. Classe les projets suivants. Indique le numéro du dialogue correspondant.

a. in die Schweiz fahren.........

b. an die Ostsee fahren.........

c. eine Schülerzeitung machen......

d. in den Schwarzwald fahren......

e. nach Paris fahren.........

f. einen Artikel schreiben.........

g. zu Freunden der Eltern fahren......

h. campen.........

i. nach London fahren.........

j. nach Spanien fahren.........

k. wandern.........

l. mit einer Gruppe reisen.........

m. den Eiffelturm sehen.........

n. etwas Anderes machen.........

o. braun werden.........

2. Pour quelle période de l'année ou pour combien de temps ces projets sont-ils prévus ? Écris ce que tu repères.

Dialog 1 ....

Dialog 2 ....

Dialog 3 ....

Dialog 4 ....

3. Dans quels dialogues parle-t-on du temps ? Complète les phrases

a. ...., gehen wir schwimmen.

b. Und im Herbst ist es ....

4. Cite les arguments pour et contre les projets. Tu peux te servir du réservoir d'expressions en 1.

Dialog 1 : *Da kann man gut campen und schön braun werden.* **(+)**

Dialog 2 .... **(–)**

.... **(+)**

.... **(+)**

Dialog 3 .... **(–)**

.... **(+)**

Dialog 4 .... **(+)**

.... **(–)**

.... **(+)**

.... **(–)**

1. Tu as choisi une excursion parmi les trois proposées :
Justifie ici ton choix en argumentant selon les critères suivants : prix, horaires, goût personnel, etc.

....

....

....

....

2. Tu envoies une carte postale à un ami resté en France pour lui raconter ton excursion et lui donner tes impressions. (Si tu ne te rappelles plus les formules de politesse, pense à te reporter à la lettre à la fin du chapitre 4 et à celle que la classe de Jonas envoie à Marseille au chapitre 2).

- Heute habe ich einen Ausflug nach X gemacht : *Aujourd'hui, j'ai fait une excursion à X.*
- Ich bin mit dem Schiff/ Zug/ Fahrrad nach X. gefahren : *Je suis allé(e) en bâteau/en train/ en vélo à X.*
- Wir haben X besichtigt : *Nous avons visité X.*
- X hat mir (nicht) gut gefallen : *X. m'a (ne m'a pas) plu.*
- Das Wetter war sehr schön / schlecht : *le temps était très beau / mauvais.*
- Y ist mitgefahren : *Y est venu avec moi/nous.*

................................, *den* ....

Liebe ...., (*Lieber* ....,)

....

....

....

....

....

....

....

....

Deine .... (*Dein* ....)

....

....

....

....

Lexique allemand-français

Tu trouveras ici tous les mots contenus dans le livre. Quand un verbe comporte un préverbe séparable, celui-ci est suivi d'une barre oblique. Quand un verbe est suivi de *, c'est un verbe fort que tu retrouveras dans la liste pages 182-183 de ton manuel.

A

- ab/geben* : remettre, déposer 73
- ab/hängen* von einander : être dépendant les uns des autres 124
- ab/reiben* : frotter 50
- Abreise (-n) (die) : départ (le) 73
- ab/waschen* : laver 50
- Abend (-e) (der) : soir (le), soirée (la) 45
- Abendessen (-) (das) : dîner (le) 46
- abends : le soir 98
- Abenteuer (-) (das) : aventure (l') 127
- aber : mais 30
- Abfahrt (-en) (die) : départ (le) 107
- abhängig : dépendant 124
- Abitur (-e) (das) : baccalauréat (le) 124
- Adoptivsohn (¨e) (der) : fils adoptif (le) 55
- Adventszeit (die) : l'avent (l') 50
- ahnen : pressentir, se douter de 57
- ähnlich : semblable 55
- Alarmanlage (-n) (die) : alarme (l') 149
- allein : seul 90
- aller Zeiten : de tous les temps 125
- alles : tout 29
- Alpen (die) (pl.) : Alpes (les) 163
- also : donc 18
- also gut : bon, d'accord 26
- alt : âgé ; vieux 10
- am besten : le mieux 86
- am liebsten mögen : préférer 82
- am Tag : pendant la journée 121
- amerikanisch : américain 125
- an/fassen : toucher 57
- an/gehen* : s'allumer 127
- an/kommen* : arriver 112
- an/rufen* : appeler (au téléphone) 98
- an/springen* : bondir 156
- Anarchismus (der) : anarchisme (l') 39
- anderes : divers
- Angst (¨e) (die) : peur (la) 94
- Angsthase (-n) (der) : trouillard (le) (fam.) 139
- anonym : anonyme 55
- Anreisetag (-e) (der) : jour d'arrivée (le) 73
- anstrengend : fatigant 165
- Apfel (¨) (der) : pomme (la) 132
- Apfelmus (das) : compote de pommes (la) 63
- Apfelsaft (¨e) (der) : jus de pommes (le) 47
- Apotheke (-n) (die) : pharmacie (la) 157
- Appetit (der) : appétit (l') 50
- Aprikose (-n) (die) : abricot (l') 164
- April (der) : avril 29
- Architekt (-en) (der) : architecte (l') 103
- Atlantik (der) : Atlantique (l') 164
- Atlantische Ozean (der) : océan atlantique (l') 144
- Atmosphäre (-n) (die) : ambiance (l') 143
- Atombombe (-n) (die) : bombe atomique. 125
- Attentäter (-) (der) : agresseur (l') 55
- auch : aussi 11
- Aufgabe (-n) : tâche (la), exercice (l') 55
- auf keinen Fall : en aucun cas 162
- auf Wiedersehen : au revoir 11
- auf/machen : ouvrir 153
- auf/nehmen* : accueillir 54
- auf/schließen* : ouvrir (avec une clé) 152
- Aufenthalt (-e) (der) : séjour (le)
- Aufschnitt (der) : charcuterie (la) 45
- Auge (-n) (das) : œil (l') 164
- August (der) : août 29
- aus/ruhen (sich) : se reposer 94
- aus/tragen* : distribuer 102
- Ausflug (¨e) (der) : excursion (l') 131
- ausgerechnet : justement 86
- Auto (-s) (das) : voiture (la) 18
- Autogramm (-e) (das) : autographe (l') 87

B

- Baby (-s) (das) : bébé (le) 57
- backen* : faire cuire (au four) 50
- Bäckerei (-en) (die) : boulangerie (la) 157
- Backofen (¨) (der) : four (le) 50
- Badezimmer (-) (das) : salle de bains (la) 103
- badisch : badois 55
- Bahnhof (¨e) (der) : gare (la) 51
- bald : bientôt 29
- Ball (¨e) (der) : ballon (le) 78
- Ballett (-e) (das) : ballet (le) 87
- Bande (-n) (die) : gang (le) 127
- Basketball (der) : basket-ball (le) 79
- basteln : bricoler 170
- Bau (-ten) (der) : construction (la) 125
- bauen : construire 125
- beginnen* : commencer 18
- Beherrschung (die) : contrôle, maîtrise 57
- bei Tisch : à table 46
- beide : tous (toutes) les deux 11
- Bein (-e) (das) : jambe (la) 62
- beißen* : mordre 156
- bekannt : connu 54
- bekommen* : recevoir 55
- belegte Brot (-e) (das) : sandwich (le) 65
- bereuen : regretter 125
- Bergbach (¨e) (der) : torrent (le) 57
- berichten : rapporter 128
- Berliner (-) (der) : beignet fourré (le) 64
- berühren : toucher 57
- beschäftigen (sich) : s'occuper 170
- beschreiben* : décrire 103
- Besen (-) (der) : balai (le) 44
- besichtigen : visiter 106
- besondere, r, s : particulier, spécial 107
- besonders : particulièrement 130
- besser : mieux 79
- Besserung (gute Besserung) : bon rétablissement 69
- bestimmt : certainement 116
- Besuch (-e) (das) : visite (la) 97
- Besucher (-) (der) : visiteur (le) 143
- betragen* : être de 73
- Bett (-en) (das) : lit (le) 95
- Bettwäsche (sing.) (die) : linge de lit (le) 72
- Beweis (-e) (der) : preuve (la) 153
- bewölkt : nuageux, couvert 121
- beziehen* : occuper, emménager 73
- biegen* : plier 80
- Bier (-e) (das) : bière (la) 45
- Bild (-er) (das) : image (l') 138
- bis bald : à bientôt 102
- bitte : s'il te plaît, s'il vous plaît 24
- bitten* : demander 73
- Blech (-e) (das) : tôle (pour la patisserie) 50
- bleiben* : rester 58
- blöd : bête 15
- Blume (-n) (die) : fleur (la) 157
- Blumengeschäft (-e) (das) : magasin de fleurs (le) 157
- Bodensee (der) : lac de Constance (le) 38
- Boot (-e) (das) : bateau (le) 171
- Boss (-e) (der) : chef (le) 127
- Boutique (-n) (die) : boutique (la) 157
- brauchen : avoir besoin de 60
- braun : bronzé ; brun, marron 50
- brechen* : casser 80

C

D

E

F

Frankreich : France (la) 33
Franz-Joseph : François-Joseph 90
Franzose (-n) (der) : Français (le) 112
Französin (-nen) (die) : Française (la) 117
Französich : français 82
Französischtest (-s) (der) :
contrôle de français (le) 133
Frau (-en) (die) : femme (la) 11
Frau...: Madame... 11
frei : libre 90
Freibad (¨er) (das) :
piscine découverte (la) 162
Freitag (-e) (der) : vendredi (le) 27
Freizeit (sing.) (die) : loisirs (les) 170
fremd : étrange 165
freuen (sich) : se réjouir 65
Freund (-e) (der) : ami (l') 13
Freundin (-nen) (die) : amie (l') 13
Friedensgedanke (-n) (der) :
pensée pacifiste (la) 125
Friedrich II : Frédéric II 145
Friseur (-e) (der) : coiffeur (le) 57
froh : soulagé, joyeux 68
fröhlich : joyeux, gai 68
Frühstück (-e) (das) : petit-dejeuner (le) ... 73
frühstücken : prendre le petit déjeuner 90
führen : mener 91
Füllung (-en) (die) : farce (la) 50
funktionieren : fonctionner 148
für : pour 55
furchtbar : terrible(ment) 134
fürchten : craindre 162
Fußball (der) : foot (le) 79

G

Gabel (-n) (die) : fourchette (la) 115
Gans (¨e) (die) : oie (l') 60
ganz : tout 55
Garten (¨) (der) : jardin (le) 102
geben* : donner 47
geboren sein : être né 18
gebrochen : cassé 156
Geburt (-en) (die) : naissance (la) 54
Geburtstag (-e) (der) : anniversaire (l') ... 69
Gedicht (-e) (das) : poème (le) 56
gefährlich : dangereux 138
gefallen* : plaire 78
Gefühl (-e) (das) : sentiment (le) 127
gehen* : aller; marcher 10
Geist (-er) (der) : fantôme (le), esprit (l')
Geld (das) : argent (l') 115
Gelee (-s) (das) : gelée (la) 50
gemeinsam haben : avoir en commun 55
Gemüsehändler (-) (der) :
marchand de légumes (le) 157
Genf : Genève 91
genug : assez 138
gern : volontiers 47
Geschäft (-e)(das) : magasin (le) 152
Geschenk (-e) (das) : cadeau (le) 60
Geschichte (die) : histoire (l') 82
Gesellschaft (-en) (die) : société (la) 145
Gesetz (-e) (das) : loi (la) 127
Gesicht (-er) (das) : visage (le) ....
gestern Nachmittag : hier après-midi 156
gestern : hier 36
gesund : bon pour la santé 69
Getränk (-e) (das) : boisson (la) 120
Gewalt (die) (sing.) : violence (la) 127
Gewinner (-) (der) : vainqueur (le) 18
Gewitter (-) (das) : orage (l') 121
Gewürz (-e) (das) : épice (l') 107
Gitarre (-n) (die) : guitare (la) 81
glauben : croire 47
Glück (das) : chance (la) 69
Glück haben : avoir de la chance 130
Glückwunsch (¨e) (der) :
congratulation (la) 69
gold : or 108
Gott (¨er) (der) : dieu (le) 90
Grad (-e) (das) : degré (le) 50
Grammatik (die) : grammaire (la) 16
gratulieren : féliciter 69
grillen : cuire au grill 110
Grillfest (-e) (das) : barbecue (le) 131
groß : grand 18
groß werden* : grandir 54
Großeltern (pl.) : grands-parents (les) 19
Großmutter (¨) (die) : grand-mère (la) ... 19
größte (der, das, die) :
plus grand(e) (le, la) 32
Großvater (¨) (der) : grand-père (le) 19
Gruß (¨e) (der) : bonjour, salutation........ xx
gut : bon, bien 10
guten Tag! : bonjour! 10
Gymnasium (Gymnasien) (das) :
lycée (le) 102

H

Haar (-e) (das) : cheveu (le) 57
haben : avoir 18
Hafen (¨) (der) : port (le) 32
Hafenrundfahrt (-en) (die) :
tour du port 107
Hafenstadt (¨e) (die) :
ville portuaire (la) 32
Hahn (¨e) (der) : coq (le) 139
Hähnchen (-) (das) : poulet (le) 63
Hälfte (-n) (die) : moitié (la) 50
hallo! : salut! 10
halten* (sich) an : s'en tenir à 126
Hamburg : Hambourg 10
Hamster (-) (der) : hamster (le) 79
Hand (¨e) (die) : main (la) 127
Handball (der) : handball (le) 79
Hannover : Hanovre 19
Hass (der) : haine (la) 57
Hauptbahnhof (¨e) (der) : gare principale 73
Hauptstadt (¨e) (die) : capitale (la) 33
Haus (¨er) (das) : maison (la) 73
Heiligabend (-e) (der) :
réveillon de Noël (le)........ 69
heiraten : se marier 90
heiß : chaud 50
heißen* : s'appeler 10
helfen* : aider 91
Herr (-en) (der) : maître (le) 138
Herr... : Monsieur... 42
Herz (-en) (das) : cœur (le) 150
herzlich : cordial 69
Herzog (¨e) (der) : duc (le) 90
heute : aujourd'hui 36
heute Abend : ce soir 117
heute Morgen : ce matin 116
heute Nacht : cette nuit 148
hier : ici 29
Viens! 54
Hi-Fi-Anlage (-n) (die) :
chaîne stéréo (la) 103
Hilfe (-n) (die) : aide (l') 91
Himbeere (-n) (die) : framboise (la) 164
Himmel (-) (der) : ciel (le) 57
hin/fallen* : tomber 134
hin/führen : amener 127
hinein/gehen* : entrer 152
Hit (-s) (der) : tube (le) 81
Hobby (-s) (das) : dada (le) 81
Hochzeit (-en) (die) : mariage (le) 69
Hofetikette (die) :
étiquette de la Cour (l') 90
hoffentlich : j'espère, nous espérons 29
holen : aller chercher xx
hören : entendre........ 12
écouter 148
Hose (-n) (die) : pantalon (le) 15
Huhn (¨er) (das) : poule (la) 139
Hund (-e) (der) : chien (le) 10
Hundewetter (das) : temps de chien (le) ... 139
Hunger (der) : faim (la) 42

I

immer : toujours 55
in der Nähe von : près de 54
Individualist (-en) (der) : individualiste.. 124
Informatik (die) : informatique (l') 82
Informatiker (-) (der) :
informaticien (l') 82
Information (-en) (die) :
information (l') 91
Ingenieurstudium (-en) (das) :
études d'ingénieur (les) 124
Inline-Skating (das) : roller (le) 170
interessant : intéressant 82
interessieren (sich) für : s'intéresser à 87
international : international 32
Internet-Adresse (-n) (die) :
adresse Internet (l') 28
isoliert : isolé 54
Italiener (-) (der) : Italien (l') 117
Italienerin (-nen) (die) : Italienne (l') 117
italienisch : italien 91

J

ja : oui 14
Jagdrevier (-e) (das) :
terrain de chasse 127
Jahr (-e) (das) : an (l') 68
-jährig : âgé de ...... ans 156
Januar (der) : janvier 29
jedes Jahr : chaque année 166
jedes : chaque 120
jemand : quelqu'un 152
jetzt : maintenant 28
joggen : faire du jogging 98
Jogger (-) (der) : joggeur (le) (fam.) 134
Jogginghose (-n) (die) : pantalon de
survêtement (le) 15
Joghurt (das) : yaourt (le) 45
jüdisch : juif 124

Jugendherberge (-n) (die) : auberge de jeunesse (l') 72
Jugendliche (-n) (der) : jeune (le) 72
Juli (der) : juillet 29
jung : jeune 90
Junge (-n) (der) : garçon (le) 54
Juni (der) : juin 29
Juwelier (-e) (der) : bijoutier (le) 148
Juweliergeschäft (-e) (das) : bijouterie (la) 152

K

Kaiser (-) (der) : empereur (l') 90
Kaiserin (-nen) (die) : impératrice (l') 90
Kalender (-) (der) : calendrier (le) 68
kalt : froid 121
kalt stellen : mettre au froid 50
Kampf (¨-e) (der) : combat (le) 127
Kanalfahrt (-en) (die) : promenade sur les canaux (la) 117
Kaninchen (-) (das) : lapin (le) 79
Kamel (-e) (das) : chameau (le) 139
Kapitel (-) (das) : chapitre (le) 9
kaputt : cassé 149
Karl der Große : Charlemagne 144
Karl V. : Charles Quint 144
Karpfen (-) (der) : carpe (la) 60
Karte (-n) (die) : billet (le) 61
Kartoffel (-n) (die) : pomme de terre (la) 47
Kartoffelsalat (-e) (der) : salade de pommes de terre (la) 47
Käse (-sorten) (der) : fromage (le) 45
Katze (-n) (die) : chat (le) 79
Katzensprung (der) : saut de puce (le) 139
kaufen : acheter 42
kehren : balayer 44
Kenntnis (-se) (die) : connaissance (la) 91
Kind (-er) (das) : enfant (l') 18
Kino (s) (das) : cinéma (le) 32
Kirsche (-n) (die) : cerise (la) 164
kirschgroß : de la taille d'une cerise 50
Klamotten (pl.) (fam.) : vêtements (les) 15
klappen (fam.) : fonctionner 98
klar : clair, évident 57
Klasse (-n) (die) : classe (la) 28
klasse : formidable 163
Klassenfahrt (-en) (die) : voyage de classe (le) 36
Klassenkamarad (-en) : camarade de classe (le) 91
klassisch : classique 79
Klavier (-e) : piano (le) 78
klein : petit 60
Kleinanzeige (-n) (die) : petite annonce 102
Kollege (-n) (der) : collègue (le) 103
Köln : Cologne 13
kommen* : venir 15
Kommode (-n) (die) : commode (la) 94
konkret : concret 56
König (-e) (der) : roi (le) 90
Königreich (-e) (das) : royaume (le) 144
können* : pouvoir 24
Korsika : Corse (la) 171
kosten : coûter 72
krank : malade 91
Krankenhaus (¨-er) (das) : hôpital (l') 156
Krieg (-e) (der) : guerre (la) 125
Kriminalroman (-e) (der) : roman policier (le) 69
Kritik (-en) (die) : critique (la) 57
Küche (-n) (die) : cuisine (la) 103
Kuchen (-) (der) : gâteau (le) 96
Kugel (-n) (die) : boule (la) 50
kühl : frais 121
Kultur (die) : culture (la) 74
Kunst (¨-e) (die) : art (l') 82
Künstler (-) (der) : artiste (l') 108
Kuppel (-n) (die) : coupole (la) 107
kurz : court 15
Kusine (-n) (die) : cousine (la) 13

L

Laden (¨) (der) : magasin (le) 139
Lampe (-n) (die) : lampe (la) 103
Land (¨-er) (das) : pays (le) ; land (le) 39
lang : long 15
lange : longtemps 94
langsam : lent(ement) 54
langweilen (sich) : s'ennuyer 86
langweilig : ennuyeux 82
Lärm (der) (sing.) : bruit (le) 73
lassen* : laisser 50
laufen* : courir 134
leben : vivre 127
Leben (-) (das) : vie (la) 125
Lebensgefahr (die) : danger de mort (le) 57
Lederjacke (-n) (die) : blouson de cuir (le) 15
legen : poser xx
Lehrer (-) (der) : professeur (le) 72
Lehrerin (-nen) (die) : professeur (femme) 72
Leid tun* : regretter 27
leidenschaftlich : passionné 125
leider : malheureusement 29
lernen : apprendre 54
lesen* : lire 18
letzte : dernier 120
Licht (-er) (das) : lumière (la) 127
lieb : gentil 57
liebe (-n) (die) : amour (l') 127
liebe(r) : cher(s), chère 28
lieben : aimer 78
lieber : de préférence 78
plutôt 95
Liebeslied (-er) (das) : chanson d'amour 57
Lieblingsfach (¨-er) (das) : matière préférée (la) 82
Lieblingshund (-e) (der) : chien préféré (le) 21
Lieblingsklamotten (pl.) (fam.) : vêtements préférés (les) 15
liegen* : être situé ; être couché 32
liegen bleiben* : rester couché 138
Limo (-s) (die) : limonade (la) 114
Löffel (-) (der) : cuillère (la) 115
los/schlagen* : commencer à se battre 127
Lüge (-n) (die) : mensonge (le) 62
Lust (¨-e) (die) : envie (l') 42
Lust haben* : avoir envie 42

M

machen : faire 42
Macht (¨-e) (die) : pouvoir (le) 125
Mädchen (-) (das) : (jeune) fille (la) 11
Mai (der) : mai 29
Mail-Box (-en) (die) : boîte aux lettres électronique (la) 28
man : on 32
Mann (¨-er) (der) : homme (l') 134
mari (le) 13
Markt (¨-e) (der) : marché (le) 42
März (der) : mars 29
Mathematik (die) (sing.) : mathématiques (les) 82
Matratze (-n) (die) : matelas (le) 95
Maus (¨-e) (die) : souris (la) 79
Medien (pl.) : médias (les) 32
Medienstadt (¨-e) (die) : ville des médias (la) 32
Medikament (-e) (das) : médicament (le) 157
Meer (-e) (das) : mer (la) xx
Mehl (das) : farine (la) 50
mehr- : plus 57
meisten (die) : plupart (la) 87
Melancholie (die) : mélancolie (la) 109
melden (sich) : appeler, se manifester 102
Messer (-) (das) : couteau (le) 115
Metzgerei (-en) (die) : boucherie (la) 157
Milch (die) : lait (le) 45
Million (-en) (die) : million (le) 39
Mineralwasser (-) (das) : eau minérale (l') 45
Minirock (¨-e) (der) : mini-jupe (la) 15
minus : moins 121
mischen : mélanger 50
mit/bringen* : apporter 65
amener 86
mit/kommen* : venir avec qn 15
mit/machen : participer 165
mit/nehmen* : emmener 116
Mittagessen (-) (das) : déjeuner (le) 73
Mittelmeer (das) : Méditerranée (la) 144
Mitternacht : minuit 149
Mittwoch (-e) (der) : mercredi (le) 27
Möbel (pl.) : mobilier (le) (sing.) 98
Mode (-n) (die) : mode (la) 87
mögen* : bien aimer 54
Moment (-e) (der) : moment (le) 26
Monat (-e) (der) : mois (le) 120
Montag (-e) (der) : lundi (le) 27
morgen : demain 96
morgens : le matin 149
Motorrad (¨-er) (das) : moto (la) 171
Motorroller (-) (der) : scooter (le) 163
müde : fatigué 98
München : Munich 10
Museum (Museen) (das) : musée (le) 32
Musical (-s) (das) : comédie musicale (la) 61
Musik (die) : musique (la) 27
Musikbox (-en) (die) : boîte à musique (la) 12
müssen* : devoir 42
Mutter (¨) (die) : mère (la) 19

N

nach/denken* : réfléchir ... 124
Nachbar (-n) (der) : voisin (le) ... 103
nachher : après ... 162
Nachhilfestunde (-n) (die) : leçon particulière (la) ... 102
Nachmittag (-e) (der) : après-midi (l') ... 102
nächste Woche : la semaine prochaine ... 99
Nacht (¨e) (die) : nuit (la) ... 26
Nachtisch (-e) (der) : dessert (le) ... 63
Nachtruhe (sing.) (die) : repos nocturne ... 73
nachts : la nuit ... 54
nah : proche ... 57
Nähe (die) : proximité (la) ... 54
Name (-n) (der) : nom (le) ... 24
Natur (die) : nature (la) ... 90
naturgetreu : fidèle ... 107
natürlich : bien sûr ... 26
naturel ... 26
nein : non ... 17
nehmen* : prendre ... 127
nett : gentil ... 83
neu : nouveau ... 15
neugierig : curieux ... 125
Neujahr (das) : nouvel an (le) ... 65
nicht gut : pas bien ... 15
nichts : rien ... 42
Niederlande (die) (pl.) : Pays-Bas (les) ... 33
Nobelpreis (-e) (der) : prix nobel (le) ... 125
Norddeutschland : Allemagne du Nord (l') ... 32
Norden (der) : Nord (le) ... 33
Nordsee (die) : mer du Nord (la) ... 38
normal : normalement ... 152
Nostalgie (die) : nostalgie (la) ... 109
Note (-n) : note (la) ... 83
November (der) : novembre ... 29
Nudeln (die) (pl.) : pâtes (les) ... 63
nur : seulement ... 57

O

Obstsalat (-e) (der) : salade de fruits (la) ... 63
oder : ou ... 56
öffnen : ouvrir ... 143
oft : souvent ... 18
oh Gott ! : mon Dieu ! ... 134
ohne : sans ... 65
Oktober (der) : octobre ... 29
Oma (-s) (die) : mamie (la) ... 66
Onkel (-) (der) : oncle (l') ... 13
Opa (-s) (der) : papy (le) ... 71
Orangensaft (¨e) (der) : jus d'oranges (le) ... 45
Ordnung (-en) : ordre (l') ... 57
organisieren : organiser ... 110
Ostdeutschland : Allemagne de l'Est (l') ... 121
Osten (der) : Est (l') ... 33
Ostern : Pâques ... 69
Österreich : Autriche (l') ... 90
Ostsee (die) : mer Baltique (la) ... 38

P

Paar (-e) (das) : paire (la) ... 57
Pappbecher (-) (der) : gobelet en carton ... 115
Pappteller (-) (der) : assiette en carton (l') ... 115
Parfum (-s) (das) : parfum (le) ... 60
Partnerklasse (-n) (die) : classe jumelée (la) ... 29
Party (-s) (die) : boum (la) ... 65
Pass auf ! : attention ! ... 190
passieren : se passer ... 134
Patentamt (¨er) (das) : office des brevets 124
Pause (-n) (die) : récréation (la) ... 82
Pazifist (-en) (der) : pacifiste (le) ... 125
peinlich : embarrassant ... 151
perfekt : parfait ... 57
Pfeffer (der) : poivre (le) ... 47
Pferd (-e) (das) : cheval (le) ... 54
Pferdeschwanz (¨e) (der) : queue de cheval ... 139
Phantom (-e) (das) : fantôme (le) ... 44
Physiker (-) (der) : physicien (le) ... 124
Plan (¨e) (der) : projet (le) ... 42
planen : faire des projets ... 110
Plastikgabel (-n) (die) : fourchette en plastique (la) ... 115
Plastiklöffel (-) (der) : cuillère en plastique (la) ... 115
Plastikmesser (-) (das) : couteau en plastique (le) ... 115
Plätzchen (-) (das) : petit gâteau (le) ... 50
plötzlich : tout à coup ... 127
Poesie (die) (sing.) : poésie (la) ... 56
Politik (-en) (die) : politique (la) ... 91
politisch : politique ... 39
Polizei (-) (die) : police (la) ... 153
Polizist (-en) (der) : policier (le) ... 24
portugiesisch : portugais ... 167
Post (-ämter) (die) : poste (la) ... 24
Poster (-) (das) : affiche (l') ... 87
Prachtexemplar (-e) (das) : merveille (la) ... 57
Präsident (-en) (der) : président (le) ... 125
Preisliste (-n) (die) : tarif (le) ...
Pressestadt (¨e) (die) : ville de la presse (la) ... 32
Preußen : Prusse (la) ... 145
prima : super ... 63
Prinz (-en) (der) : prince (le) ... 155
Prise (-n) (die) : pincée (la) ... 50
pro : par ... 102
probieren : essayer, déguster ... 107
Problem (-e) (das) : problème (le) ... 102
Professor (-en) (der) : professeur (d'université) (le) ... 54
Profi (-s) (der) : professionnel (le) ... 148
Programm (-e) (das) : programme (le) ... 119
projizieren : projeter ... 107
Pudding (-e) (der) : flan (le) ... 63
Pulli (-s) (der) : pull (le) ... 26

R

Rad (¨er) (das) : bicyclette (la) ... 81
Rad fahren* : faire du vélo ... 81
Radfahrer (-) (der) : cycliste (le) ... 135
Radtour (-en) (die) : excursion en vélo (l') 133
Rat (-schläge) (der) : conseil (le) ... 26
Raum (sing.) (der) : espace (l') ... 124
Regal (-e) (das) : étagère (l') ... 95
Regen (der) : pluie (la) ... 121
regnen : pleuvoir ... 110
Reich (-e) (das) : empire (l') ... 144
reichen : suffire ... 162
Reinigung (-en) (die) : nettoyage (le) ... 73
Reiseleben (das) : vie de voyage (la) ... 91
reißen* : (se) déchirer ... 57
reiten* : faire du cheval ... 78
Reiterhof (¨e) (der) : centre équestre (le) ... 165
relativ : relatif ; relativement ... 124
Relativitätstheorie (die) : théorie de la relativité (la) ... 124
Rennen (-) (das) : course (la) ... 18
renovieren : rénover ... 99
Reparatur (-en) (die) : réparation (la) ... 102
Restaurant (-s) (das) : restaurant (le) ... 32
Rezept (-e) (das) : recette (la) ... 50
richtig : vraiment ... 166
Richtung (-en) (die) : direction (la) ... 156
riechen* : sentir ... 54
Rock (¨e) (der) : jupe (la) ... 15
Rockkonzert (-e) (das) : concert de rock ... 87
Rockmusik (die) : musique rock (la) ... 79
Rollenspiel (-e) (das) : jeu de rôles (le) ... 81
Roman (-e) (der) : roman (le) ... 87
Romantik (die) : romantisme (le) ... 144
rot : rouge ... 18
Rucksack (¨e) (der) : sac à dos (le) ... 151
Ruhe (die) : calme (le) ... 91
rund um : autour de ... 19

S

Sache (-n) (die) : chose (la) ... 98
Sachen (die) (pl.) : affaires (les) ... 98
sagen : dire ... 69
Sahne (die) : crème fouettée (la) ... 63
Salat (-e) (der) : salade (la) ... 47
Salz (das) : sel (le) ... 47
sammeln : faire la collection ... 87
Samstag (-e) (der) : samedi (le) ... 27
satt haben* : en avoir assez ... 127
sauber : propre ... 73
sauer (fam.) : contrarié ... 47
schade : dommage ... 65
schaffen (es) : y arriver ... 94
Schal (-s) (der) : écharpe (l') ... 151
Schale (-n) (die) : peau (la) ; zeste (le) ... 50
Scheibe (-n) (die) : vitre (la) ... 148
scheinen* : briller ... 121
schenken : offrir ... 60
schicken : envoyer ... 96
Schiff (-e) (das) : bateau (le) ... 171
schimpfen : gronder ... 134
schlafen* : dormir ... 148
Schlafzimmer (-) (das) : chambre à coucher (la) ... 103
schlecht : mal, mauvais ... 54
schließen* : fermer ... 73
Schließzeit (-en) (die) : horaire de fermeture (l') ... 73
Schloss (¨er) (das) : château (le) ... 145
Schluss (¨e) (der) : fin (la) ... 113
Schlüssel (-) (der) : clé (la) ... 73
Schmuck (der) (sing.) : bijoux (les) ... 148
schmutzig : sale ... 134
Schnee (der) : neige (la) ... 121
schneien : neiger ... 121

schnell : vite, rapide ... 26
Schnitzel (-) (das) : escalope (l') ... 63
Schnur (¨e) (die) : corde (la) ... 57
Schokolade (die) : chocolat (le) ... 63
schon : déjà ... 42
schon wieder : encore ... 42
schön : beau ... 68
Schrank (¨e) (der) : armoire (l') ... 94
schrecklich : terrible ... 98
schreiben* : écrire ... 55
Schreibtisch (-e) (der) : bureau (le) ... 97
Schreibwarenladen (¨) (der) : papeterie (la) ... 157
Schuhgeschäft (-e) (das) : magasin de chaussures (le) ... 157
Schule (-n) (die) : école (l') ... 29
Schule haben* : avoir cours ... 28
Schüler (-) (der) : élève (l') ... 28
Schutzhandschuh (-e) (der) : gant de protection (le) ... 57
Schwanz (¨e) (der) : queue (la) ... 139
schwarz : noir ... 108
Schwarze Meer (das) : Mer Noire (la) ... 144
schweben (in Lebensgefahr) : être en danger de mort ... 57
Schwein (-e) (das) : cochon (le) ... 12
Schweiz (die) : Suisse (la) ... 18
schwer : difficile ... 82
lourd ... 95
Schwester (-n) (die) : sœur (la) ... 11
Schwiegermutter (¨) (die) : belle-mère (la) ... 90
Schwimmbad (¨er) (das) : piscine (la) ... 43
schwimmen* : nager ... 81
See (die) (sing.) : mer (la) ... 33
See (-n) (der) : lac (le) ... 167
segeln : faire de la voile ... 166
sehen* : voir ... 54
sehr : très ... 54
sein : être ... 16
seit : depuis ... 28
selbst : toi-même ... 56
Selbstmord begehen* : se suicider ... 91
September (der) : septembre ... 28
Sessel (-) (der) : fauteuil (le) ... 97
sicher : sûr(ement) ... 148
Sie (politesse) : vous ... 24
Sieg (-e) (der) : victoire (la) ... 127
Silvester : Saint-Sylvestre (la) ... 64
Sinn (-e) (der) : esprit (l') ... 164
Ski fahren* : faire du ski ... 81
Sofa (-s) (das) : canapé (le) ... 95
sofort : tout de suite ... 152
sogar : même ... 166
Sohn (¨e) (der) : fils (le) ... 18
Sommer (-) (der) : été (l') ... 127
Sonne (-n) (die) : soleil (le) ... 121
Sonntag (-e) (der) : dimanche (le) ... 27
sonst : sinon, autrement ... 57
Sozialkunde (die) : instruction civique (l') 83
spanisch : espagnol ... 167
Spaß (viel Spaß!) : amusez-vous bien ... 50
später : plus tard ... 91
spazieren gehen* : se promener ... 112
Spezialität (-en) (die) : spécialité (la) ... 32
Spickzettel (-) (der) : antisèche (l') ... 13
Spiegel (-) (der) : miroir (le) ... 95
Spiel (-e) (das) : jeu (le) ... 56
spielen : jouer ... 78
Spielwarengeschäft (-e) (das) : magasin de jouets ... 157
Sport treiben* : faire du sport ... 32
Sportler (-) (der) : sportif (le) ... 18
Sprache (-n) (die) : langue (la) ... 12
sprechen* : parler ... 54
Sprechsituation (-en) (die) : fonction langagière (la) ... 10
springen* : sauter ... 134
spüren : sentir ... 57
Stadt (¨e) (die) : ville (la) ... 32
Stadtbummel (-) (der) : tour en ville (le) 162
Stadtpark (-s) (der) : parc municipal (le) 51
Stadtrallye (-s) (die) : jeu de pistes (le) .. 133
Stadtrundfahrt (-en) (die) : tour de la ville ... 107
Star (-s) (der) : vedette (la) ... 87
Steckbrief (-e) (der) : avis de recherche (l') ... 18
stehen* : être écrit, être debout ... 55
stehlen* : voler ... 148
steigen* : monter ... 57
sterben* : mourir ... 55
Sternenhimmel (-) (der) : ciel étoilé (le) 107
Straße (-n) (die) : rue (la) ... 24
Straßenbahn (-en) (die) : tramway (le) ... 171
Straßenkampf (¨e) (der) : bataille de rue 108
streiten* (sich) : se disputer ... 166
streng : stricte ... 90
Stück (-e) (das) : pièce (la) ; morceau (le) .. 50
Student (-en) (der) : étudiant (l') ... 102
Stuhl (¨e) (der) : chaise (la) ... 103
stumm : muet ... 126
Stunde (-n) (die) : heure (l') ... 50
Sturm (¨e) (der) : tempête (la) ... 121
stürmisch : orageux ... 121
suchen : chercher ... 55
Suchmaschine (-n) (die) : moteur de recherche (le) ... 91
Süddeutschland : Allemagne du Sud (l') .. 121
Süden (der) : sud (le) ... 33
super : super ... 29
Supermarkt (¨e) (der) : supermarché (le) 157
sympathisch : sympathique ... 116
System (-e) (das) : système (le) ... 39

T

Tag (-e) (der) : jour (le) ... 10
Tagebuch (¨er) (das) : journal (intime) (le) ... 116
täglich : quotidien ... 45
Talent (-e) (das) : talent (le) ... 125
Tannenbaum (¨e) (der) : sapin de Noël (le) ... 60
Tante (-n) (die) : tante (la) ... 13
tanzen : danser ... 65
Taschengeld (das) (sing.) : argent de poche (l') ... 162
Taufe (-n- (die) : baptême (le) ... 69
täuschen : tromper ... 152
Tee (-s) (der) : thé (le) ... 47
Teig (-e) (der) : pâte (la) ... 50
Telefon (-e) (das) : téléphone (le) ... 26
Telefonbuch (¨er) (das) : annuaire (l') ... 132
Telefonnummer (-n) (die) : numéro de téléphone (le) ... 27
Tennis (der) : tennis (le) (sport) ... 27
Tennisclub (-s) (der) : club de tennis (le) ... 25
Tennisschuh (-e) (der) : chaussure de tennis (la) ... 50
Teppich (-e) (der) : tapis (le) ... 97
teuer : cher ... 115
Theater (-) (das) : théâtre (le) ... 32
Thema (-en) (das) : sujet (le) ... 56
Tier (-e) (das) : animal (l') ... 90
Tipp (-s) (der) : astuce (l') ... 18
Tisch (-e) (der) : table (la) ... 46
Tischtennis (das) : ping-pong (le) ... 87
Tischtennis spielen : jouer au ping-pong ... 87
Tochter (¨) (die) : fille (la) ... 18
Tod (-e) (der) : mort (la) ... 127
toll : formidable ... 29
Tomatensalat (-e) (der) : salade de tomate (la) ... 63
Tomatensoße (-n) (die) : sauce tomate (la) ... 63
Tombola (-s) (die) : tombola (la) ... 112
tot : mort ... 127
Tradition (-en) (die) : tradition (la) ... 32
tragen* : porter ... 94
Training (das) : entraînement (l') ... 27
träumen von : rêver de ... 166
Treffen (-) (das) : rencontre (la) ... 165
treffen* (sich) : se rencontrer ... 24
Treppe (-n) (die) : escalier (l') ... 103
trinken* : boire ... 47
Tschechische Republik (die) : République tchèque (la) ... 33
tschüs : salut ... 24
T-Shirt (-s) (das) : T-shirt (le) ... 15
Tür (-en) (die) : porte (la) ... 99
Turm (¨e) (der) : tour (la) ... 54
Turnhalle (-n) (die) : gymnase (le) ... 112
Turnschuh (-e) (der) : chaussure de gymnastique (la) ... 15
typisch für : typique de ... 143

U

U-Bahn (-en) (die) : métro (le) ... 106
über : concernant ... 54
über Nacht : pendant la nuit ... 26
übernachten : passer la nuit ... 37
überwiegend : en majeure partie ... 73
Uhr (-en) (die) : montre (la) ... 151
um ... Uhr : à ... heures ... 24
um halb sieben : à six heures et demie ... 24
umgeben* : entourer ... 127
Umgebung (sing.) (die) : environs (pl.) .. 143
Umzug (¨e) (der) : déménagement (le) ... 98
unbedingt : absolument ... 73
unbehandelt : non-traité ... 50
unbekannt : inconnu ... 55
und : et ... 15
Unfall (¨e) (der) : accident (l') ... 156
Ungar (-n) (der) : Hongrois (le) ... 91
Ungarn : Hongrie (la) ... 90
Unglück (-e) (das): malchance (la), malheur (le) ... 55
Universität (-en) (die) : université (l') ... 124
Universitätsstadt (¨e) (die) : ville universitaire (la) ... 32
unmöglich : impossible ... 65

Lexique français-allemand

Tu trouveras ici tous les mots contenus dans le livre. Quand un verbe comporte un préverbe séparable, celui-ci est suivi d'une barre oblique. Quand un verbe est suivi de *, c'est un verbe fort que tu retrouveras dans la liste pages 182-183 de ton manuel.

A

à l'intérieur : drinnen 112
à la fin : zum Schluss 113
à la maison : zu Hause 113
à table : bei Tisch 46
abricot (l') : Aprikose (-n) (die) 164
absolument : unbedingt 73
accident (l') : Unfall (¨e) (der) 156
accueillir : auf/nehmen* **54**
acheter : kaufen 42
adulte (l') : Erwachsene (-n) (der) 143
affaires (les) : Sachen (die) (pl.) 98
affiche (l') : Poster (-) (das) 87
âgé; vieux : alt 10
agité : unruhig 91
agresseur (l') : Attentäter (-) (der) 55
aide (l') : Hilfe (-n) (die) 91
aider : helfen* 91
aimer (qqn) : lieben 78
alarme (l') : Alarmanlage (-n) (die) 149
Allemagne (l') : Deutschland 144
Allemagne de l'Est (l') : Ostdeutschland 121
Allemagne de l'Ouest (l') : Westdeutschland 121
Allemagne du Nord (l') : Norddeutschland 32
allemand (l') : Deutsch 82
Allemand (l') : Deutsche (-n) (der) 117
allemand : deutsch 18
aller (en véhicule) : fahren* 96
aller; marcher : gehen* 10
aller à pied : zu Fuß gehen* 106
aller chercher : holen
Alpes (les) : Alpen (die) (pl.) 163
ambiance (l'): Atmosphäre (-n) (die) 143
aménagement : Einrichtung (-en) (die) 103
aménager : ein/richten 103
amener : hin/führen 127
amener : mit/bringen* 86
américain : amerikanisch 125
ami (l') : Freund (-e) (der) 13
amie (l') : Freundin (-nen) (die) 13
amour (l') : Liebe (-n) (die) 127
an (l') : Jahr (-e) (das) 68
Anglais (l') : Engländer (-) (der) 117
anglais : englisch 82
Anglaise (l') : Engländerin (-nen) (die) 117
Angleterre (l') : England 117
animal (l') : Tier (-e) (das) 90
anneau (l') : Ring (-e) (der)
anniversaire (l') : Geburtstag (-e) (der) 69
annuaire (l') : Telefonbuch (¨er) (das) 132
anonyme : anonym 55
antisèche (l') : Spickzettel (-) (der) 13
août : August (der) 29
aperçu (l') : Einblick (-e) (der) 12
appareil-photo (l') : Fotoapparat (-e) (der) 151
appartement (l') : Wohnung (-en) (die)
appeler (au téléphone) : an/rufen* 98
appeler, se manifester : melden (sich) 102
appétit (l') : Appetit (der) 50
apporter : bringen* 54
apporter : mit/bringen* 65
apprendre : lernen 54
après-midi (l') : Nachmittag (-e) (der) 102
architecte (l') : Architekt (-en) (der) 103
argent (l') : Geld (das) 115
argent de poche (l') : Taschengeld (das) (sing.) 162
armoire (l') : Schrank (¨e) (der) 94
arriver : an/kommen* 112
art (l') : Kunst (¨e) (die) 82
artiste (l') : Künstler (-) (der) 108
assassiner : ermorden 55
assez : genug 138
assiette en carton (l') : Pappteller (-) (der) 115
astuce (l') : Tipp (-s) (der) 18
Atlantique (l') : Atlantik (der) 164
Attention ! : Pass auf ! 190
au revoir : auf Wiedersehen 11
au secours ! : Hilfe !
auberge de jeunesse : Jugendherberge (-n) (die) 72
aujourd'hui : heute 36
aussi : auch 11
autographe (l') : Autogramm (-e) (das) 87
Autriche (l') : Österreich 90
aventure (l') : Abenteuer (-) (das) 127
avion (l') : Flugzeug (¨e) (das) 171
avoir besoin de : brauchen 60
avoir de la chance : Glück haben 130
avoir en commun : gemeinsam haben 55
avoir envie : Lust haben 42
avoir fini : fertig sein 94
avoir : haben 18
avril : April (der) 29

B

baccalauréat (le) : Abitur (-e) (das) 124
balai (le) : Besen (-) (der) 44
balayer : kehren 44
ballet (le) : Ballett (-e) (das) 87
ballon (le) : Ball (¨e) (der) 78
bande dessinée (la) : Comic (-s) (der) 63
baptême (le) : Taufe (-n) (die) 69
barbecue (le) : Grillfest (-e) (das) 131
basket-ball (le) : Basketball (der) 79
bateau (le) : Boot (-e) (das) 171
bateau (le) : Schiff (-e) (das) 171
beau : schön 68
beaucoup : viel 15
bébé (le) : Baby (-s) (das) 57
belle-mère (la) : Schwiegermutter (-) (die) 90
bête : blöd 15
beurre (le) : Butter (die) 45
bicyclette (la) : Fahrrad (¨er) (das) 151
bicyclette (la) : Rad (¨er) (das) 81
bien aimer : mögen* 54
bien sûr : natürlich 26
bientôt (à) : bis bald 29
bière (la) : Bier (-e) (das) 45
bijouterie (la) : Juweliergeschäft (-e) (das) 152
bijoutier (le) : Juwelier (-e) (der) 148
bijoux (les) : Schmuck (der) (sing.) 148
billet (le) : Karte (-n) (die) 61
blanc : weiß 79
blouson de cuir (le) : Lederjacke (-n) (die) 15
boire : trinken 47
boisson (la) : Getränk (-e) (das) 120
boîte à musique (la) : Musikbox (-en) (die) 12
boîte électronique (la) : Mail-Box (-en) (die) 28
bon pour la santé : gesund 69
bon rétablissement : gute Besserung 69
bon, bien : gut 10
bondir sur : an/springen* 156
bonjour ! : guten Tag ! 10
boucherie (la) : Metzgerei (-en) (die) 157
boulangerie (la) : Bäckerei (-en) (die) 157
boule (la) : Kugel (-n) (die) 50
boum (la) : Party (-s) (die) 65
bouteille (la) : Flasche (-n) (die) 115
boutique (la) : Boutique (-n) (die) 157
bricoler : basteln 170
briller : scheinen* 121
briser : zerschlagen* 148
bronzé : braun 50
bruit (le) : Lärm (der) (sing.) 73
bureau (le) : Schreibtisch (-e) (der) 97
bus (le) : Bus (-se) (der) 107

C

cadeau (le) : Geschenk (-e) (das) 107
cadeau de Noël (le) :
Weihnachtsgeschenk (-e) (das) 63
calendrier (le) : Kalender (-) (der) 68
calme (le) : Ruhe (die) 91
camarade de classe :
Klassenkamarad (-en) (der) 91
cambriolage (le) : Einbruch (¨e) (der) 148
cambrioleur (le) : Einbrecher (-) (der) 148
caméscope (le) : Videokamera (-s) (die) 133
canapé (le) : Sofa (-s) (das) 95
capitale (la) : Hauptstadt (¨e) (die) 33
caractère (le) : Charakter (-e) (der) 138
caractériser : charakterisieren 39
carpe (la) : Karpfen (-) (der) 60
cas (le) : Fall (¨e) (der) 55
cassé : gebrochen, kaputt 149
cassé : 149
casser : brechen* 80
ce matin : heute Morgen 116
ce soir : heute Abend 117
centre (le) : Zentrum (-en) (das) 33
centre commercial (le) :
Einkaufszentrum (-en) (das) 43
centre équestre (le) :
Reiterhof (¨e) (der) 165
cerise (la) : Kirsche (-n) (die) 164
certainement : bestimmt 116
cette fois-ci : diesmal 98
cette nuit : heute Nacht 148
chacun : jeder
chaîne stéréo (la) : Hi-Fi-Anlage (-n) (die) 103
chaise (la) : Stuhl (¨e) (der) 103
chambre (la) : Zimmer (-) (das) 73
chambre à coucher :
Schlafzimmer (-) (das) 103
chambre simple : Einzelzimmer (-) (das) 73
chameau (le) : Kamel (-e) (das) 139
chance (la) : Glück (das) 69
chanson d'amour : Liebeslied (-er) (das) 57
chapitre (le) : Kapitel (-) (das) 9
chaque année : jedes Jahr 166
chaque : jedes 120
charcuterie (la) : Aufschnitt (der) 45
Charlemagne : Karl der Große 144
chat (le) : Katze (-n) (die) 79
château (le) : Schloss (¨er) (das) 145
chaud : heiß, warm 150
chaussure (la) : Schuh (-e) (der)
chaussure de sport (la) :
Turnschuh (-e) (der) 15
chaussure de tennis :
Tennisschuh (-e) (der) 50
chef (le) : Boss (-e) (der) 127
cher : teuer 115
cher(s), chère : liebe(r) 28
chercher : suchen 55
chercheur (le) : Forscher (-) (der) 124
cheval (le) : Pferd (-e) (das) 54
cheveu (le) : Haar (-e) (das) 57
chien (le) : Hund (-e) (der) 10
chiffre (le) : Zahl (-en) (die) 39
chimie (la) : Chemie (die) 83
chocolat (le) : Schokolade (die) 63
chose (la) : Sache (-n) (die) 98
ciel (le) : Himmel (-) (der) 57
cinéma (le) : Kino (s) (das) 32
citron (le) : Zitrone (-n) (die) 50
clair, évident : klar 57
classe (la) : Klasse (-n) (die) 28
classe jumelée (la) :
Partnerklasse (-n) (die) 29
classique : klassisch 79
clé (la) : Schlüssel (-) (der) 73
club de tennis (le) :
Tennisclub (-s) (der) 25
coca (le) : Cola (-s) (die) 47
cochon (le) : Schwein (-e) (das) 12
cœur (le) : Herz (-en) (das) 150
coiffeur (le) : Friseur (-e) (der) 57
colère (la) : Wut (die) (sing.) 127
collègue (le) : Kollege (-n) (der) 103
Cologne : Köln 13
combat (le) : Kampf (¨e) (der) 127
combien ? : wie viel(e) ? 14
comédie musicale (la) : Musical (-s) (das) 61
commencer : beginnen* 18
comment ? : wie ? 10
commode (la) : Kommode (-n) (die) 94
comparer : vergleichen* 55
complètement : vollkommen 54
compote de pommes (la) : Apfelmus (das) 63
comprendre : verstehen* 30
concert de rock : Rockkonzert (-e) (das) 87
concret : konkret 56
connaissance (la) : Kenntnis (-se) (die) 91
connu : bekannt 54
conseil (le) : Rat (-schläge) (der) 26
construction (la) : Bau (-ten) (der) 125
construire : bauen 125
contrarié : sauer (fam.) 47
contrôle (le) : Test (-s) (der) 133
coq (le) : Hahn (¨e) (der) 139
corde (la) : Schnur (¨e) (die) 57
cordial : herzlich 69
couloir (le) : Flur (-e) (der) 73
courir : laufen* 134
courrier électronique : E-Mail (-s) (die) 88
course (la) : Rennen (-) (das) 18
court : kurz 15
cousin (le) : Cousin (-s) (der) 13
cousine (la) : Kusine (-n) (die) 13
couteau (le) : Messer (-) (das) 115
coûter : kosten 72
craindre : fürchten 162
crème fouettée (la) : Sahne (die) 63
creux (le) : Delle (-n) (die) 50
critique (la) : Kritik (-en) (die) 57
croire : glauben 47
cuillère (la) : Löffel (-) (der) 115
cuire au grill : grillen 110
cuisine (la) : Küche (-n) (die) 103
culture (la) : Kultur (die) 74
curieux : neugierig 125
cycliste (le) : Radfahrer (-) (der) 135

D

d'abord : zuerst 112
d'accord : einverstanden 42
danger de mort (le) : Lebensgefahr (die) 57
dangereux : gefährlich 138
danser : tanzen 65
de nouveau : wieder 28
de préférence : lieber 78
décembre : Dezember (der) 29
déchirer (se) : reißen* 57
décrire : beschreiben* 103
déçu : enttäuscht 130
degré (le) : Grad (-e) (das) 50
déjà : schon 42
déjeuner (le) : Mittagessen (-) (das) 73
demain : morgen 96
demander (se) : fragen (sich) 94
demander : bitten* 73
déménagement (le) : Umzug (¨e) (der) 98
départ (le) : Abreise (-n) (die) 73
dépendant : abhängig 124
depuis : seit 28
dernier : letzte 120
désordre (le) : Unordnung (-en) (die) 57
dessert (le) : Nachtisch (-e) (der) 63
dessiner : zeichnen 82
destruction (la) : Zerstörung (-en) (die) 125
devenir : werden* 82
devoir : müssen 42
dialogue (le) : Dialog (-e) (der) 14
dieu (le) : Gott (¨er) (der) 90
difficile : schwer 82
dimanche (le) : Sonntag (-e) (der) 27
dîner (le) : Abendessen (-) (das) 46
dire : sagen 69
direction (la) : Richtung (-en) (die) 156
discothèque (la) : Disko (-s) (die) 131
discuter : diskutieren 87
dissipé : zerstreut 124
distribuer : aus/tragen* 102
dominateur : dominant 90
dommage : schade 65
donc : also 18
donner : geben* 47
dormir : schlafen* 148
drapeau (le) : Flagge (-n) (die) 109
Dresde : Dresden 13
duc (le) : Herzog (¨e) (der) 90
durer : dauern 94

E

eau (l') : Wasser (das) 32
écharpe (l') : Schal (-s) (der) 151
école (l') : Schule (-n) (die) 29
écouter : hören 148
zu/hören 12
écrire : schreiben* 55
effrayé : entsetzt 125
élémentaire : elementar 57
élève (l') : Schüler (-) (der) 28
emballé : verhüllt 108
emballer : ein/packen 153
embarrassant : peinlich 151
emménagement (l') : Einzug (¨e) (der) 69
emmener : mit/nehmen* 116
empereur (l') : Kaiser (-) (der) 90
en aucun cas : auf keinen Fall 162
en avoir assez : satt haben* 127
en fait : eigentlich 14
encore, de nouveau : schon wieder 42

K-L

la nuit : nachts 54
la semaine prochaine : nächste Woche 99
là : da 24
là-bas : dort 96
lac (le) : See (-n) (der) 167
laisser : lassen* 50
lait (le) : Milch (die) 45
lampe (la) : Lampe (-n) (die) 103
langue (la) : Sprache (-n) (die) 12
lapin (le) : Kaninchen (-) (das) 79
laver : ab/waschen* 50
le matin : morgens 149
le mieux : am Besten 86
le soir : abends 98
leçon particulière (la) : Nachhilfestunde (-n) (die) 102
lent (ement) : langsam 54
lenteur (la) : Weile (die) 114
lettre (la) : Brief (-e) (der) 29
librairie (la) : Buchhandlung (-en) (die) 157
libre : frei 90
limonade (la) : Limo (-s) (die) 114
linge de lit (le) : Bettwäsche (sing.) (die) 72
lire : lesen* 18
lit (le) : Bett (-en) (das) 95
livre (le) : Buch (¨er) (das) 60
loger (qqn) : unter/bringen* 73
loi (la) : Gesetz (-e) (das) 127
loin : 127
loisirs (les) : Freizeit (sing.) (die) 170
long : lang 15
longer : entlang/fahren* 171
longtemps : lange 94
lourd : schwer 95
lumière (la) : Licht (-er) (das) 127
lundi (le) : Montag (-e) (der) 27
lycée (le) : Gymnasium (Gymnasien) (das) 102

M

machine à laver (la) : Waschmaschine (-n) (die) 95
Madame... : Frau... 11
magasin (le) : Geschäft (-e) (das) 152
magazine (le) : Zeitschrift (-en) (die)
magnétoscope : Videorecorder (-) (der) 149
mai : Mai (der) 29
main (la) : Hand (¨e) (die) 127
maintenant : jetzt 28
maire (le) : Bürgermeister (-) (der) 55
mais : aber 30
maison (la) : Haus (¨er) (das) 73
maître (le) : Herr (-en) (der) 138
mal, mauvais : schlecht 54
malade : krank 91
malchance (la), malheur (le) : Unglück (-e) (das) 55
malheureusement : leider 29
mamie (la) : Oma (-s) (die) 66
manger : essen* 42
manifestation (la) : Veranstaltung (-en) (die) 143
marchand (le) : Händler (-) (der) 157
marché (le) : Markt (¨e) (der) 42
marché de Noël (le) : Weihnachtsmarkt (¨e) (der) 42
mardi (le) : Dienstag (-e) (der) 27
marée basse (la) : Ebbe (die) 56
marée haute (la) : Flut (die) 56
mari (le) : Mann (¨er) (der) 13
mariage (le) : Hochzeit (-en) (die) 69
mars : März (der) 29
matelas (le) : Matratze (-n) (die) 95
mathématiques (les) : Mathematik (die) (sing.) 82
matière (la) : Fach (¨er) (das) 83
matière préférée : Lieblingsfach (¨er) (das) 82
matin (le) : vormittags 163
médias (les) : Medien (pl.) 32
médicament (le) : Medikament (-e) (das) 157
Méditerranée (la) : Mittelmeer (das) 144
mélanger : mischen 50
même : sogar 166
mener : führen 91
mensonge (le) : Lüge (-n) (die) 62
mer (la) : Meer (-e) (das) 38
mer (la) : See (die) (sing.) 33
mer Baltique (la) : Ostsee (die) 38
mer du Nord (la) : Nordsee (die) 38
Mer Noire (la) : Schwarze Meer (das) 144
merci : danke 10
mercredi (le) : Mittwoch (-e) (der) 27
mère (la) : Mutter (¨) (die) 19
merveilleux : wunderbar 57
métro (le) : U-Bahn (-en) (die) 106
mettre au froid : kalt stellen 50
mieux : besser 79
million (le) : Million (-en) (die) 39
mini-jupe (la) : Minirock (¨e) (der) 15
minuit : Mitternacht 149
miroir (le) : Spiegel (-) (der) : 95
mobilier (le) (sing.) : Möbel (pl.) 98
mode (la) : Mode (-n) (die) 87
moins bien : weniger schön 130
moins : minus 121
mois (le) : Monat (-e) (der) 120
moitié (la) : Hälfte (-n) (die) 50
moment (le) : Moment (-e) (der) 26
mon Dieu ! : oh Gott ! 134
monde (le) : Welt (-en) (die) 90
Monsieur... : Herr... 42
monter : steigen* 57
montre (la) : Uhr (-en) (die) 151
montrer : zeigen 127
mordre : beißen* 156
mort (la) : Tod (-e) (der) 127
mort : tot 127
mot (le) : Wort (¨er) (das) 15
moteur de recherche (le) : Suchmaschine (-n) (die) 91
moto (la) : Motorrad (¨er) (das) 171
mouillé : naß
mourir : sterben* 55
moyen de transport (le) : Verkehrsmittel (-) (das) 171
muet : stumm 126
Munich : München 10
musée (le) : Museum (Museen) (das) 32
musique (la) : Musik (die) 27

N

nager : schwimmen* 81
naissance (la) : Geburt (-en) (die) 54
nature (la) : Natur (die) 90
naturel : natürlich 26
neige (la) : Schnee (der) 121
neiger : schneien 121
nettoyage (le) : Reinigung (-en) (die) 73
Noël : Weihnachten 42
noir : schwarz 108
nom (le) : Name (-n) (der) 24
nombre d'habitants (le) : Einwohnerzahl (-en) (die) 39
non : nein 17
non-traité : unbehandelt 50
Nord (le) : Norden (der) 33
normalement : normal 152
nostalgie (la) : Nostalgie (die) 109
note (la) : Note (-n) 83
nouveau : neu 15
nouvel an (le) : Neujahr (das) 65
novembre : November (der) 29
nuage (le) : Wolke (-n) (die) 121
nuageux, couvert : bewölkt 121
nuit (la) : Nacht (¨e) (die) 26
numéro de téléphone (le) : Telefonnummer (-n) (die) 27

O

objets de valeur (les) : Wertsachen (pl.) (die) 73
occuper, emménager : beziehen* 73
océan : Ozean (der) 144
octobre : Oktober (der) 29
œil (l') : Auge (-n) (das) 164
œuf (l') : Ei (-er) (das) 50
office des brevets : Patentamt (¨er) (das). 124
offrir : schenken 60
oie (l') : Gans (¨e) (die) 60
oiseau (l') : Vogel (¨) (der) 139
on : man 32
oncle (l') : Onkel (-) (der) 13
or (l') : Gold (das) 108
orage (l') : Gewitter (-) (das) 121
orageux : stürmisch 121
ordinateur (l') : Computer (-) (der) 81
ordre (l') : Ordnung (-en) (die) 57
organiser : organisieren 110
oser : wagen 132
où ? : wo ? 10
ou : oder 56
oublier : vergessen 150
Ouest (l') : Westen (der) 33
oui : ja 14
ouvrir (avec une clé) : auf/schließen* 152
ouvrir : auf/machen 153
öffnen 143

P

pacifiste (le) : Pazifist (-en) (der) 125
pain (le) : Brot (-e) (das) 45
paire (la) : Paar (-e) (das) 57

Q

R

S

T

U

V

Y

Kulturspiel

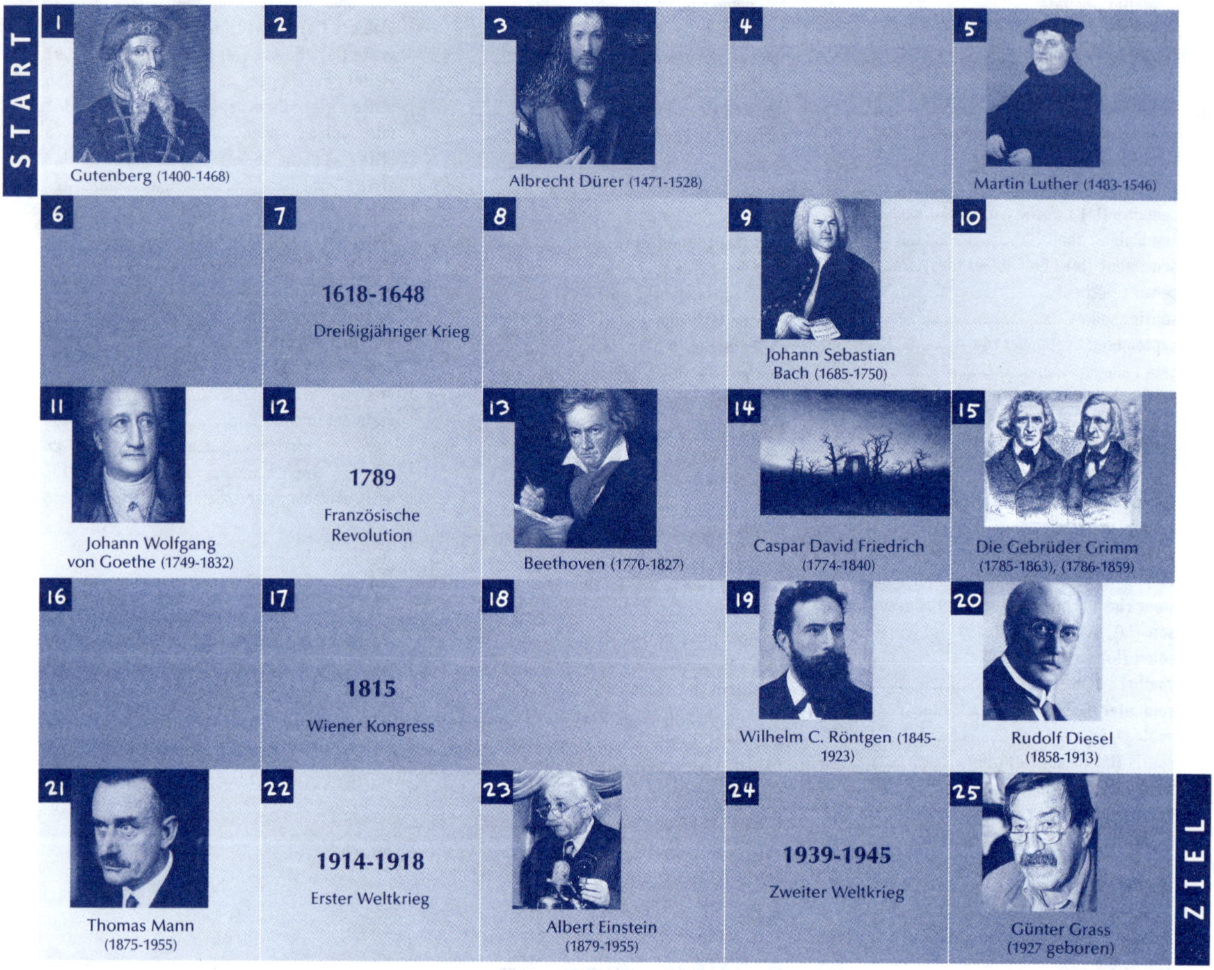

Pour jouer à ce jeu, voici quelques consignes.

1. Pour pouvoir répondre aux questions du manuel.

Répartissez-vous les personnages représentés sur le jeu et recherchez au CDI et chez vous tous les renseignements qui les concernent. Ces recherches vous aideront à répondre aux questions posées page 75 et à préparer l'étape suivante : le jeu lui-même.

2. Préparation du jeu.

A l'aide des informations que vous aurez récoltées, réalisez des cartes (5 cartes au minimum par groupe de deux, ou davantage, si votre classe n'est pas très nombreuse) sur lesquelles, à votre tour, vous formulerez des questions destinées à vos camarades. Il faudrait poser au moins 4 questions par personnage.

N'oubliez pas de faire une fiche récapitulative avec vos questions et bonnes réponses. Le meneur de jeu en aura besoin.

Voici un modèle de carte vierge.

recto verso

3. Les règles du jeu

Il vous faut : le plan du jeu pages 74-75 du manuel, les cartes-questions, la fiche récapitulative questions/réponses, un dé et un pion par personne ou par groupe. Il vous faut aussi déterminer un temps maximal de réflexion pour répondre aux questions.

- Le jeu se joue avec un seul dé.
- Formez des groupes de 4 ou 5 autour d'un jeu, ou bien jouez seuls si votre classe est peu nombreuse.
- Mélangez toutes les cartes-questions et placez-les en tas.
- Un élève du groupe lance le dé et c'est le groupe (ou l'élève) qui a le moins de points qui commence.
- On avance en fonction du nombre de points indiqués par le dé. Et en fonction des points obtenus grâce aux bonnes réponses données aux questions. Tant qu'on ne tombe pas sur des cases-personnages, on ne répond pas aux questions.
- Le groupe (ou l'élève) qui se trouve sur une case « personnage » tire une carte : quand il sait répondre à la question, il avance de 3 cases, sinon, il reste sur sa case. Attention, le groupe doit se mettre d'accord avant de donner une réponse.
- Un élève, le meneur de jeu, ne joue pas et vérifie sur la fiche récapitulative si les réponses sont exactes :

– quand un groupe (ou un élève) ne sait pas répondre, la question est posée au groupe suivant (et ainsi de suite) qui avancera de 2 cases s'il répond correctement.
– le premier groupe (ou élève) qui passe ou dépasse l'arrivée a gagné.

4. Création d'un autre jeu

- Vous pouvez créer un autre jeu, sur le thème que vous souhaitez : histoire, sports, musique.
- Vous pouvez créer un nouveau support de jeu, en intégrant d'autres personnages.
- Vous pouvez formuler d'autres questions.
- Vous pouvez créer d'autres cartes, en créant un nouveau logo au recto des cartes en rapport avec le thème de votre jeu.

Crédits photographiques

Couv bas d © David Noton/Getty Images; couv bas g © Biskup/Laif/REA; couv m ht © Celentano/Laif/REA.

p. 24 © Neide/Atelier für Kartographie/DR

p. 126 (23) © Coll. Archives Larbor/T; (21) © AKG Paris/T; (3) © AKG Paris/T; (1) © AKG Paris/T; (13) Bonn, Beethoven-Haus © AKG Paris/T; (11) m g W. Hartan-Coll. Archives Larbor/T; (9) Museum für Geschichte der Stadt, Leipzig © Bpk/Bridgeman-Giraudon/T; (25) © Michael Teller/AKG Paris/T; (5) Galerie des Offices, Florence-Scala © Archives Larbor/T; (14) Caspar David Friedrich, " L'Abbaye dans un bois ", 1809-1810 - Staatliche Schlösser und Gärten, Berlin - Jörg Anders © Archives Larbor/T; (20) © AKG Paris/T; (19) © AKG Paris/T; (15) Bibliothèque Nationale de France, Paris - Coll. Archives Larbor/T.

Coordination de l'édition : Hcl
Mise en page : Christophe Durand
Illustrations : Guy Lillo et Alain Huré
Cartographie : Jean-Pierre Magnier

100 % PAPIER RECYCLÉ 3 256 811

N° éditeur : 10151824
Dépôt légal : mai 2008
Imprimé en Italie
par G. Canale & C. S.p.A.